AF186006

Fischer TaschenBibliothek

Was Sie schon immer über Katzen wissen wollten – aber bisher nirgends finden konnten.

CLAUDIA RUSCH bekam ihre erste Katze im Alter von fünf Jahren: einen kleinen roten Draufgänger namens Puschkin. Seitdem liebt sie Katzen und Literatur. Sie hat fünf Bücher geschrieben und den Großteil ihres Lebens mit, bei und unter der Aufsicht von Katzen verbracht. Für ihre Mitbewohnerin Mimi hält sie sich stets auf dem Laufenden und referiert dann in Kurzvorträgen über mehr oder weniger Sinnreiches aus der Katzenwelt. Das Beste daraus ist in diesem Buch versammelt. Kurios, komisch, kompakt – das ultimative Geschenk für Katzenliebhaber und alle, die es werden wollen. – Mehr Katzenwissen geht nicht!

Weitere Informationen finden Sie auf www.fischerverlage.de

Claudia Rusch

—KATZEN—

Das Buch

FISCHER TaschenBibliothek

Erschienen bei FISCHER Taschenbuch
Frankfurt am Main, Juni 2016

© 2016 S. Fischer Verlag GmbH, Hedderichstr. 114,
D-60596 Frankfurt am Main
Umschlaggestaltung: Geviert, Grafik & Typografie, München
Umschlagabbildung: Silver Tiger/Shutterstock
Satz: Fotosatz Amann, Memmingen
Druck und Bindung: CPI books GmbH, Leck
Printed in Germany
ISBN 978-3-596-52109-8

Für Mimi, Toto und Miles

INHALT

WER BIN ICH –
PROUSTS FRAGEBOGEN *11*

DER NAME DER KATZE *17*

Etymologie »Katze« *17*
Katzen in den Sprachen Europas *18*
Synonyme – wie die Katze sonst noch heißt *19*
Homonyme – wo Katze draufsteht,
ist nicht immer Katze drin *19*
Nicht verwandt und nicht verschwägert –
Katzenwörter ohne Katze *23*
Botanische Namensvettern *28*
Zoologische Namensvettern *29*

KULTURGESCHICHTE *31*

Wie die Katze auf den Menschen kam *31*
Mein Gott, wie niedlich! – religiös verehrte Katzen *34*
Magische Fähigkeiten von Katzen *40*
Herausragende Katzen *41*

DIE KRATZT! –
DIE GÄNGIGSTEN VORURTEILE *49*

VOGELMEUCHLER! –
DIE POPULÄRSTEN IRRTÜMER *54*

ZWEI, DIE SICH MÖGEN –
KATZEN UND FRAUEN 59

Die Vielfältigen – im Klischee vereint *60*
Berühmte Frauen und ihre Katzen *61*

ALLES FÜR DIE KATZ –
SPRICHWÖRTER UND KATZEN 66

Deutsche Katzensprichwörter, wie sie sein sollten *67*
Sprichwörtliche Tiere, die problemlos durch Katzen
ersetzt werden könnten *68*
Sprichwörter, die von Katzen stammen könnten *69*
Nachbars Katz *70*

DA LACHEN JA DIE KATZEN –
KATZENWITZE 73

CAT AT WORK –
BERUFSTÄTIGE KATZEN 76

Ungewöhnliche Katzenberufe *77*
Die Samtpfote der Nerds – Schrödingers Katze *84*

KATZEN IN DER MALEREI 88

Berühmte Katzenkünstler *89*
Bedeutende Gemälde mit Katzen *95*
Berühmte Katzenporträts *103*

KATZEN IN DER BILDHAUEREI *112*

Berühmte Katzendenkmale *114*
Berühmte Katzenskulpturen *122*

KATZENMUSIK *129*

Klassik, Katz et cetera *130*
Moderne Hits mit Katze *135*
Miau, Meow, Miaou – Lieder, in denen miaut wird *141*
Musiker, die sich nach Katzen benannt haben *146*

KATZEN IM FILM *151*
Catocalypse now – Filme mit Katzen *152*
Plakatkatzen *160*
Katzen in bedeutenden Statisten- und Nebenrollen *165*
Die wichtigsten Fernsehkatzen *172*

KATZEN AN DIE MACHT –
DAS INTERNET *177*
Berühmte Vertreter
der wichtigsten Internetkatzegorien *178*
Böse Miez! – Katzen am Pranger *186*

KATZEN IN DER LITERATUR *189*

Besonders große Katzenliebhaber
unter den Schriftstellern *190*

Berühmte Katzengedichte   *197*
Berühmte literarische Katzen   *203*
Berühmte Katzencomics   *212*

DIE BESTEN KATZENZITATE   *220*

WAS KATZE MEINT UND
WAS DER MENSCH VERSTEHT   *224*

DER SCHWANZ DER KATZE –
UND WAS ER UNS SAGT   *228*

ZUSAMMENLEBEN MIT KATZEN   *233*

Life Hacks for cats – verblüffende Tricks,
die Katzen den Alltag erleichtern   *233*
Life Hacks for humans – Überlebenshilfe
im Alltag mit Katzen   *237*
Das beste Katzenspielzeug   *244*
Worüber Katzenhalter ständig reden   *246*
Was Katzenhalter gern verschweigen (und was sie
antworten, wenn man sie dennoch drauf anspricht)   *247*
Plätze, an denen Katzen nicht schlafen sollen,
es aber ständig tun   *249*
Gute Gründe, warum man sich (trotzdem)
eine Katze anschaffen sollte   *251*

WER BIN ICH – PROUSTS FRAGEBOGEN

> In gewisser Weise ist die Katze das animalische
> Spiegelbild des Menschen.
>
> *(Johanna Fürstauer)*

Der Questionnaire de Proust war ein ursprünglich aus Großbritannien stammendes, in der zweiten Hälfte des 19. Jahrhunderts äußerst populäres Gesellschaftsspiel. Auf Teepartys oder im Familienkreis beantwortete man schriftlich einen Katalog feststehender Fragen, die Antworten wurden dann öffentlich verlesen. Man konnte mit Bildung glänzen oder versteckte Botschaften versenden. Die Zuhörenden hatten ihren Spaß und entnahmen den Antworten ganz nebenbei allerlei persönliche Ansichten – wonach direkt zu fragen, in der feinen englischen Art, welche auf unbedingter Zurückhaltung fußt, sich selbstverständlich nicht gehörte. Eine klassische Win-win-Situation.

Der launige Zeitvertreib ist nach dem französischen Schriftsteller Marcel Proust (1871–1922) benannt, weil dessen Antworten (die er auf Englisch in ein Album schrieb) bis heute erhalten sind.

Ob Proust eine Katze hatte, ist nicht überliefert. Was sie auf diese Fragen geantwortet hätte, kann man sich allerdings denken …

Ihr Hauptcharakterzug?
Unfehlbarkeit. Was sonst?

Ihre Lieblingsbeschäftigungen?
Fressen, Schlafen, Kuscheln. In der Reihenfolge. Manchmal jagen. Zur Not spielen. Man nimmt, was man kriegt.

Ihr größter Fehler?
Fehler? Wieso Fehler!?!

Was schätzen Sie an Menschen am meisten?
Ganz klar, bedingungslose Unterwerfung. Alles andere ist völlig inakzeptabel.

Welche Eigenschaften schätzen Sie bei einem Mann am meisten?
Ich denke, die Bereitschaft zum Dosenöffnen.

Welche Eigenschaften schätzen Sie bei einer Frau am meisten?
Die Bereitschaft zum Dosenöffnen.

Welche Fehler entschuldigen Sie am ehesten bei anderen?
Leichte Verspätung beim Dosenöffnen.

Was ist für Sie das vollkommene irdische Glück?
Eine offene Dose.

Was wäre für Sie das größte Unglück?
Eine Diät.

Wer oder was hätten Sie sein mögen
(wenn nicht Sie selbst)?
Diese Frage versteh ich nicht.

Wo möchten Sie leben?
Egal, Hauptsache Sonne, Futter, Bauchkrauler.

Ihre Lieblingsfarbe?
Sehr lustig, ich bin so gut wie farbenblind …

Lieblingsblume?
Katzenpfötchen!

Lieblingspflanze?
Katzenminze. Oder Baldrian. Dreht beides super.

Ihr Lieblingsvogel?
Buchfinken. Aber Amseln sind auch lecker.

Ihre Lieblingsschriftstellerinnen?
Colette.
Patricia Highsmith.

Ihre Lieblingsschriftsteller?
Mark Twain.
E. T. A. Hoffmann.

Ihre Lieblingsdichter?
T. S. Eliot.
Baudelaire.

Ihre Lieblingsheldin in der Dichtung?
Saha.

Ihr Lieblingsheld in der Dichtung?
Nero Corleone.

Ihre Lieblingsheldin im wahren Leben?
Ti-Puss.

Ihr Lieblingsheld im wahren Leben?
Norton.

Ihre Lieblingsmalerin?
Leonor Fini.

Ihr Lieblingsmaler?
Théophile-Alexandre Steinlen.

Ihre Lieblingskomponistin?
Nora, die Katze.

Ihr Lieblingskomponist?
Andrew Lloyd Webber.

Ihr Lieblingsgetränk?
Abgestandenes Blumenwasser.

Ihr Lieblingsessen?
Och, Hauptsache tot.

Ihre Lieblingsnamen?
Katze. Kater. Alles andere ist doch lächerlich.

Was verabscheuen Sie am meisten?
Die Terrorgeschwister Hektik und Lärm.

Welche geschichtlichen Gestalten verachten Sie am meisten?
Alle Mitarbeiter der Heiligen Inquisition.

Welche militärischen Leistungen bewundern Sie am meisten?
Mili-was???

Welche Reform bewundern Sie am meisten?
Die Einfügungen von § 22 Abs. 1a der Tierischen Lebensmittel-Hygieneverordnung und von § 13a der deutschen Lebensmitteleinfuhr-Verordnung. Verbot von Verzehr und Einfuhr von Katzenfleisch.

Welche natürliche Gabe möchten Sie besitzen?
Daumen wär'n schön. Um Dosen zu öffnen.

Wie möchten Sie sterben?
Alt, vollgefressen, im Schlaf auf Frauchens Schoß.

Ihre gegenwärtige Geistesverfassung?
Also, mir geht's blendend.

Ihr Motto?
Stetes Fragen höhlt die Menschen. Irgendwann
geben sie alle nach.

DER NAME DER KATZE

Eine Katze, die ihren Namen nicht mag,
bringt es angeblich fertig, ihr Leben lang niemals,
auch nicht aus Gedankenlosigkeit, erkennen zu lassen,
dass sie ihn schon mal gehört hat.

(Cleveland Amory)

Etymologie »Katze«

Im wichtigsten, umfassendsten und zuverlässigsten Wörterbuch der deutschen Sprache, dem Grimm (ja genau, die Märchenbrüder) beginnt der Eintrag zur Katze folgendermaßen: »Katze, f. felis, eins der merkwürdigsten und fragenreichsten Wörter.« In der Tat!

Die Herkunft des Wortes Katze ist bis heute so unergründlich wie ihre Augen. Stammt es (wie das Tier selbst) aus Nordafrika (nubisch kadīs, berberisch kaddîska, spätägyptisch čaute)? Haben's die Kelten erfunden (cait)? Oder doch die Römer (felis silvestris catus)? Und was ist eigentlich mit den alten Griechen (αἴλουρος)? Die Forschung ist sich sehr uneins. Klar ist nur, Katze ist ein Wanderwort, also eines, das sprachlich viel rumgekommen ist. Auch wenn nicht nachvollziehbar ist, wo es einmal herkam, kann man doch bis heute sehr gut sehen, wo es langgelaufen ist …

Katze in den Sprachen Europas

Deutsch: *Katze*
Alemannisch: *Chatze*
Schweizerdeutsch: *Büsi*
Luxemburgisch: *Kaz*
Plattdeutsch: *Katt*
Friesisch: *Kat*
Niederländisch: *kat*
Schwedisch: *katt*
Dänisch: *kat*
Norwegisch: *katt*
Isländisch: *köttur*
Faröisch: *kattur*
Russisch: *кошка*
Tschechisch, Sorbisch: *kočka*
Polnisch: *kot*
Weißrussisch: *kor*
Bulgarisch: *корка*
Lettisch: *kaķis*
Litauisch: *katė*
Slowakisch, Slowenisch, Serbokroatisch, Bosnisch, Mazedonisch: *mačka*

Finnisch: *kissa*
Estnisch: *kass*
Ungarisch: *macska*
Englisch: *cat*
Gälisch (schottisches wie irisches): *cat*
Walisisch: *cath*
Bretonisch: *kazh*
Französisch: *chat*
Italienisch: *gatto*
Spanisch: *gato*
Katalanisch: *gat*
Portugiesisch: *gato*
Rumänisch: *pisică*
Korsisch: *ghjattu*
Sardisch: *felis*
Latein: *feles, auch cattus*
Griechisch: *γάτα*
Albanisch: *macja*
Baskisch: *katu*
Türkisch: *kedi*
Kurdisch: *pisîk*

18

Synonyme – wie die Katze sonst noch heißt

Mieze
Muschi
Mulle
Minka
Pussi
Samtpfote
Stubentiger
Mäusefänger
Fellknäuel
Fellnase
Dachhase
Kratzbürste
Kuschelchen
Puschelchen
Schnurriburri

Homonyme – wo Katze draufsteht, ist nicht immer Katze drin

Katze (Neunschwänzige)

Die Neunschwänzige Katze ist keine Miez, die pro Leben einen zusätzlichen Schwanz erworben hat, sondern eine Peitsche. Man kann für die Franzosen nur hoffen, dass die Redewendung, »man habe noch andere Katzen auszupeitschen« (*avoir d'autres chats à fouetter*), aus dieser Richtung kommt und nicht wörtlich gemeint ist.

Katze (Schiff)

Die Katze ist ein kleiner, wendiger Ruderschiffstyp aus dem alten Byzanz. Die Kriegsflotte setzte Katzen zur Aufklärung und für Kurierdienste ein.

Katze (Kran)

Die Katze ist ein beweglicher Wagen an der Unterseite des Kranauslegers. Damit können Lasten am Arm des Krans bewegt werden. In Häfen, wo das Löschen und Laden der Schiffsfrachten genau beobachtet werden muss, ist in der Katze häufig auch ein Führerhäuschen untergebracht.

Katze (Murmeltier)

Das Weibchen des Murmeltiers heißt Katze. Um die zoologische Verwirrung komplett zu machen, heißen das männliche Tier Bär und die Jungtiere Äffchen. Wahrscheinlich haben die Wissenschaftler sich dabei etwas gedacht. Aber was?

Katze (Yoga)

Die Katze (Marjaryasana) ist eine Yogastellung im Vierfüßlerstand, bei der das Kreuz abwechselnd gehoben und gesenkt wird. Die Katze kann auch parallel oder diagonal mit gehobenem Bein und Arm ausgeführt werden. Gestärkt werden Rücken, Bauchmuskeln und Wirbelsäule. Nomen est omen: Diese Übung zeigt jede echte Katze routiniert in ihrem täglichen Stretching-Programm.

Katze (Festungsbau)

Die Katze ist eine erhöhte Geschützstellung aus der Zeit der Infanteriekriege.

Katze (Eisenbahnbau)

Die Katze ist eine Ramme zum Ausrichten von Schienen und Schwellen.

Katze (Bergbau)

Die Katze ist ein Transportsystem aus mittelgroßen, hängenden Güterwagen, die auf Schienen an der Decke des Stollens laufen.

Katze (Fluss)

Die Katze ist ein Nebenfluss der Schwarza, welche wiederum in die Saale mündet. Alle drei durchfließen das Schiefergebirge im Südwesten Thüringens. Streng genommen müsste die Katze deshalb Kotze heißen.

Katze (Sternbild)

Die Katze ist ein international nicht anerkanntes Sternbild des Südhimmels – eingeführt im Jahr 1799 von einem Katzenfan unter den Astrologen. Das, was Jérôme Lalande in seiner Version des Himmels *Katze* nannte, gehört offiziell zum Sternbild der Wasserschlange. Die einzigen Katzen am Himmel bleiben also Löwe und Luchs.

Kätzchen (Botanik)

Besonders bekannt ist der Begriff Weidenkätzchen, aber Kätzchen werden generell die puschlig-weichen Blütenstände mancher Sträucher oder Bäume genannt (etwa Pappel, Erle, Hasel, Birke). Alle Baumkätzchen können von Katzenhaarallergikern problemlos geherzt werden.

Kater (nach zu starkem Alkoholkonsum)

Der sprichwörtliche Kater hat mit unseren Vierbeinern nichts zu tun. Es handelt sich vielmehr um die von angetrunkenen studentischen Scherzkeksen des 19. Jahrhunderts in die Welt gesetzte Verballhornung des *Katarrhs*, einer triefenden Entzündung der Schleimhäute.

Trotzdem hält sich beharrlich das Gerücht, manch einsame Miezekatze betränke sich hoffnungsvoll des Abends, um wenigstens am Morgen mit einem stattlichen Kater aufzuwachen …

Nicht verwandt und nicht verschwägert – Katzenwörter ohne Katze

Muskelkater

Leitet sich ebenfalls von Katarrh ab und bedient mithin dasselbe Bild wie oben. Auch hier wurde des Guten zu viel getan. Quasi Rauschvergiftung im Muskelgewebe. Interessant ist allerdings, dass Muskel auf Latein *musculus* heißt. Ein Wort, das gleichzeitig auch *Mäuschen* bedeutet. Und wer ist der natürliche Feind derselben? Richtig …

Katzensprung

Wie dieser Ausdruck als Bezeichnung für kurze Entfernungen in den Umlauf kam, ist nicht nachvollziehbar. Katzen sind Weltmeister im Springen. Sie schaffen (bei einer durchschnittlichen Schulterhöhe von knapp über 30 cm) locker zwei Meter. Nach oben genau wie zur Seite. Elke Heidenreich brachte das mal sehr schön auf den Punkt: »Es ist etwa so, als würde ein Mensch aus dem Stand und ohne Anlauf mal eben so auf das Dach seines Hauses springen oder doch wenigstens auf den Balkon im ersten Stock.« Von wegen Katzensprung …

Katzenwäsche

Ebenfalls ein Ausdruck aus der Kategorie *Nicht nachgedacht*. Bezieht sich ursprünglich auf die vermeintliche Wasserscheu der Katzen. Alles andere wäre auch absurd. Würden Menschen ähnlich intensive und gründliche Körperpflege betreiben wie Katzen, hätten wir alle weniger Freizeit und weniger Hygieneerkrankungen.

Katzentisch

Die Stimmung an der Festtafel verhält sich zu der am abseitsstehenden, kleineren Katzentisch üblicherweise wie die Stimmung bei einer Nichtraucherparty im Wohnzimmer zu der auf dem Balkon. Insofern: Hoch die Tassen!

Katzengold

Die sprichwörtliche falsche Katze … Dabei ist das einzig Negative am verheißend metallisch schimmernden Pyrit, dass es kein echtes Gold ist. Aber diese Eigenschaft teilt es schließlich mit allen Mineralien weltweit – außer Aurum selbst. Und wer mal eine Pyritkugel gefunden hat, weiß, dass nicht alles, was glänzt, Gold ist, aber alles Katzengold einen Ehrenplatz in der Fossiliensammlung verdient …

Katzenkopf

Traditionell europäischer Kopfsteinpflasterstein aus gewölbten Findlingen in der Größe von Katzenköpfen. Pi mal Pfote. Tatsächliche Kantenlängenübereinstimmungen sind nicht nachgewiesen.

Katzenauge

Wie schon der geringste Lichtstrahl die Augen einer Katze im Dunkeln zu Scheinwerfern umfunktionieren kann, so sorgen auch diese rückseitig konvex, vorderseitig konkav verspiegelten Glaskörper für einen starken Leuchteffekt. Diese Wirkung wird vor allem für die Verkehrssicherheit genutzt. Absperranlagen, Sicherheitsmarkierungen und Leitpfosten am Straßenrand sind standardmäßig damit bestückt. Auch Rückstrahler an Fahrrädern arbeiten nach diesem Prinzip.

Nicht zu verwechseln sind Katzenaugen mit den ebenfalls sogenannten Varietäten von Edelmineralien (etwa Saphir, Chrysoberyll, Turmalin) aus der Schmuckherstellung. Diese Bezeichnung bezieht sich nicht auf die Reflexion von Licht, sondern auf einen an die senkrechte Iris von Katzen erinnernden Schimmer-Effekt. Der Fachbegriff dafür lautet Chatoyance.

Katzenjammer

Ein einfacher Vokaltausch bringt hier Licht ins Dunkel der Metapher … Katzenjammer geht tatsächlich auf die hinausdrängenden morgendlichen Magenprobleme nach heftigem Feiern zurück. Im Wortschatz der Deutschen ist Katzenjammer für sprichwörtliche und echte Übelkeit nachgewiesen seit dem späten 18. Jahrhundert. Mittlerweile ist es als Lehnwort auch in anderen Sprachen gesichtet worden. Dort wird es allerdings zumeist irrtümlich verwendet im Sinne von

Katzenmusik

Eines der wenigen Katzengleichnisse, denen zumindest ein Gran Wahrheit anhaftet. Wer nie Katzen beim Werben, Kämpfen oder Paaren gelauscht hat, weiß nicht, was wildes Gekreisch ist. Florence Foster Jenkins ist eine Ohrenweide dagegen. Bösartige Zuhörer bezichtigen mit diesem Begriff nicht ganz geglückte musikalische Darbietungen. Was uns doch wieder zu Florence Foster Jenkins führt.

Katerfrühstück

Selbstverständlich nur im übertragenen Sinne gemeint. Dem Kater sein Futter vorzuenthalten und selbst zu verspeisen dürfte bei der Bekämpfung von Übelkeit nach nämlichen nächtlichen Räuschen eher kontraproduktiv sein. Genauso wie der Verzehr der von Miezekatzen ebenfalls gerne um die Morgenstunden angebotenen und durchaus als freundliche Einladung gemeinten mitgebrachten blutigen Beutetiere (oder Teile von ihnen). Das einzig sinnvolle Katerfrühstück bleibt Salziges und Saures.

 **Jokerwissen**

Schnurrbart

Etymologisch ist nicht genau festzulegen, woher diese Namensgleichheit kommt, geschweige denn, was zuerst da war: das Katzenschnurren oder der männliche Schnurrbart. Irgendwas miteinander zu tun haben sie jedenfalls.

Wir halten es mit den Brüdern Grimm:

»schnurrbart, m. mystax, nd. snurrbaard, holl. snorbaard, eigentlich von den barthaaren einer schnurre, thierschnauze gesagt und zunächst in derber rede, dann seit dem 18. jahrh. allgemein und harmlos auf den menschlichen entsprechenden bart übertragen; vergl. auch schnauzbart«.

Botanische Namensvettern

Katzenminze

Hat eine ähnlich verzückende Wirkung auf Miezen wie Baldrian (auch *Katzenwurz* genannt), exzessiver Genuss kann allerdings zu Aggressionen führen: Drogen halt.

Katzenpfötchen

Katzentatzendoppelgänger aus dem Steingarten mit winzigen behaarten Blütenkörben in Rosa oder Weiß.

Katzenschwänzchen

Auch Nesselschön genannt, wartet mit einem knallroten Blütenstand auf, der in Pracht und Länge vage an Katzenschwänze erinnert.

Zoologische Namensvettern

Katzendrossel

Graues Singvögelchen aus Nordamerika, das erstaunliche Imitatorqualitäten aufweist, besonders bemerkenswert: Es kann miauen.

Meerkatze

Keiner weiß, warum diese Affen Meerkatzen heißen, als wahrscheinlich gilt die Verballhornung von *markata*, Sanskrit für Affe.

Katzenhai

Katzenhaiaugen haben wie bei Katzen längliche Pupillen, theoretisch könnten sie also auch Schlangenhai heißen, aber den Namen gab es schon.

KULTURGESCHICHTE

Am Anfang schuf Gott den Menschen.
Doch als Er dessen ganze Schwächlichkeit erkannte,
stellte Er ihm die Katze zur Seite.

(Warren Eckstein)

Wie die Katze auf den Menschen kam

Forscher haben nachgewiesen, dass die Katze vor mindestens 9000 Jahren, irgendwo zwischen Zypern und Mesopotamien, von den Menschen gezähmt wurde. Was für ein Quatsch! Von »gezähmt« kann ja nun wirklich keine Rede sein.

Während die einheimischen Löwen (ja, es gab bis 100 n. Chr. riesige Löwen in Europas Wäldern!) selbst die Strapazen des beschwerlichen Pfotenmarsches aus dem warmen Süden bis an Rhein und Main auf sich genommen hatten, wurden die Vorfahren unserer Schoßkatzen von den Römern mit Schiffen nach Europa geschmuggelt. Ihre Ausfuhr aus Ägypten war eigentlich verboten. Gedacht als Mitbringsel für die teuren Ehefrauen daheim, wurden die kostbaren Tierchen, satt und gehegt, in weichgepolsterten Körben transportiert … Da fragt sich doch nun wirklich, wer hier wen abgerichtet hat. – Hier ein paar Gedanken, die sich die Katze auf dem langen Weg zu des Menschen liebsten Haustier augenscheinlich gemacht hat.

Also das mit den Sauriern ist echt mühsam. Die kann Opa Säbelzahn schön alleine erledigen. Ich konzentrier mich lieber auf Nager …

Mir ist aufgefallen, dass das Futter seit einiger Zeit ständig dem Menschen hinterherläuft. Vielleicht sollt ich mir die auch mal näher anschauen …

HA! Büffet mit Ganztagsunterhaltung! Der reinste Kluburlaub so eine Scheune! Nur etwas zugig hier. Ob es im Haus gemütlicher ist?

Oh! Mein! Gott! Die haben da drinnen Feuer! Die Offenbarung meines Lebens: sich den Pelz wärmen, Tag und Nacht, egal, ob die Sonne scheint. Der helle Wahnsinn! Da muss ich mich ab sofort öfter reinschleichen.

So. Ich hab die Lage jetzt mal gründlich eruiert und mir überlegt, dass ich ganz einziehe. Wenn ich meine Dienste, sagen wir, testweise direkt in der Speisekammer anböte, müsste doch im Austausch ein fester Schlafplatz am Ofen drin sein. Auf geht's!

Na bitte, das wäre erledigt. Und eins ist klar: Da lässt sich auf jeden Fall mehr rausholen! Vor allem bei der Frau. Die sieht aus, als könnte sie mal wieder dringend ein paar Streicheleinheiten vertragen. Wie wär's mit etwas Sahne zum Dank?

Ja, wer sagt's denn, sie frisst mir aus der Pfote! Ich ihr auch: Speck, Sahne und Eier! Was sie eben heimlich abzweigen kann. Und all das nur, weil ich so ein guter Schmuser bin! Endlich kann ich das müßige Mäusefangen einstellen. Es sei denn, es ergibt sich, so rein hobbymäßig …

Auf die Dauer, ganz ehrlich, ist der Boden vor dem Ofen ja doch ganz schön hart. Da war ja selbst das Heu bequemer. Nur eben arschkalt. Was mach ich denn bloß, rggrhhh? Ja, wenn ich ein eigenes Bett hier hätte …

Tadaaa: KÖRBCHEN!!! Wie es dem Chef des Hauses zusteht. Nicht mehr und nicht weniger. Obwohl – wo schlafen eigentlich die Leute?

AHHHHHHH. Daunenfedern, weiches Linnen, wärmende Glieder. Endlich! Aber immer so auf dem Bettdeckenrand verdreht, holt man sich ja irgendwann sicher einen Bandscheibenvorfall. Wie liegt es sich wohl auf einem Kopfkissen?

Mein Gott, wie niedlich! –
religiös verehrte Katzen

Es ist ein altes Gleichnis. Hunde denken: Der Mensch beschützt mich, füttert mich und heilt meine Wunden – er muss Gott sein. Katzen sehen denselben Umstand ein wenig anders: Der Mensch beschützt mich, füttert mich und heilt meine Wunden – ich muss Gott sein!

Tatsächlich führen sich Katzen gern so auf, als hätten sie nie vergessen, dass sie im alten Ägypten wie Götter verehrt wurden. Aber in der Geschichte der Menschen war der berühmte ägyptische Kult um die Katzen samt der schönen Katzengöttin Bastet längst nicht der einzige …

Römische Mythologie

Das alte Rom ließ sich schnell von Hauskatzen überzeugen. Erstens waren sie kuschliger als die bis dahin zur Nagerliquidierung eingesetzten Frettchen, und zweitens stanken sie auch deutlich weniger als diese. Wegen ihrer Killerqualitäten stand die Miez deshalb Diana, der Göttin der Jagd, nah; als unbeirrbarer Freigeist wurde sie natürlich zusammen mit Libertas, der Göttin der Freiheit, verehrt. Die hygienebewussten Römer waren es vermutlich auch, die im Zuge ihrer weitreichenden Eroberungen die Katze als

Haustier in ganz Europa populär machten. Von da an war kein Halten mehr.

Nordische Mythologie

Auch die Völker im hohen Norden Europas haben für die Katze einen Platz in ihrer Götterwelt gefunden. Die machtvolle Freya, Göttin der Liebe, Sexualität und Fruchtbarkeit (nicht zu verwechseln mit Frigg, der Gattin von Göttervater Odin), fliegt mit einem von Katzen gezogenen Wagen durch die Lüfte. Wie die Wikinger darauf kamen, der zweitwichtigsten Frau ihres Universums Katzen an die Seite zu stellen, liegt auf der Hand. Nicht nur die Promiskuität qualifiziert die Katze als Gefährtin Freyas, sondern auch ihre Gebärfreudigkeit und das zärtliche Umsorgen ihrer Kleinen.

Keltische Mythologie

Die Keltische Sagenwelt kennt Cait Sith, eine Feenkatze. Sie war groß, bis auf einen weißen Fleck auf der Brust nachtschwarz und lebte in den Schottischen Highlands. Die Menschen trauten dem scheuen, gespenstischen Tier nicht über den Weg. An sich harmlos, hatte Cait Sith doch die Schwäche, Toten die Seele zu stehlen (Götter hatten erst nach der Beisetzung Zugriff darauf). Deshalb veranstalteten die Kelten allerlei Hokuspokus, um Cait Sith von frisch Verstorbenen fernzuhalten. Sie tanzten wild, sangen laut und verteilten im Garten Katzenminze (!). Feuer war natürlich verboten, das hätte die Miez ja magisch angezogen. Auch an Samhain, einem der vier großen Keltenfeste, wurden sicherheitshalber Schüsseln mit Milch für sie aufgestellt.

Jüdisch-christliche Mythologie

Die frühen Juden haben Katzen abgelehnt, weil die sie knechtenden Ägypter diese Tiere so verehrten. Außerdem war für die Monotheisten diese ganze Göttertierwelt natürlich nichts. Das Christentum, dessen Weisheiten aus demselben Buch stammen, entwickelt das später weiter zu Hass und wahnhafter Verfolgung. Dennoch gibt es eine katholische Schutzpatronin der Katzen, die heilige Gertrud von Nivilles. Auch die Muttergottes selbst hatte scheinbar ein gutes Verhältnis zu Katzen. Das (sehr verbreitete) M auf der Stirn von Tabbykatzen soll durch ihre Berührung entstanden sein. Darstellungen Marias zeigen signifikant häufig Katzen zu ihren Füßen.

Islam

Beim Mantel des Propheten! Katzen gelten (im Gegensatz zu Hunden) als reine Tiere im Islam. Denn von niemand Geringerem als Mohammed selbst geht die Legende, er hätte den Ärmel seines Gewandes abgeschnitten, auf dem Lieblingskatze Muezza es sich bequem gemacht hatte, um den Schlaf des Tieres nicht zu stören. Auch hätte er ihr mit der Hand dreimal sanft über den Rücken gestrichen, weswegen Katzen seitdem immer auf den Füßen landen. Die islamische Verehrung der Katze geht vermutlich auf den starken nordafrikanischen Volksglauben an die Heiligkeit der Katze zurück. Also hat man ihn kurzerhand legitimiert. In jeder Hinsicht weise.

Buddhismus

Angeblich legen Katzen nach ihrem Tod bei Buddha ein gutes Wort für ihren Besitzer ein. So nah stehen sie ihm. Und das, obwohl die Katze Buddhas Eintritt ins Nirwana glatt verschlafen hat. Er hat ihr das verziehen (logo, tiefenentspannt), weswegen auch der anfängliche Unmut seiner Anhänger darüber inzwischen verflogen ist. Katzen sind in buddhistischen Tempeln außerordentlich willkommen. Sie gelten als Symbol für Glück und Reichtum. Birmakatzen gar (Choupette!) sind heilige Tiere, denn vor dem endgültigen Eintritt ins Nirwana kehren Erleuchtete ein letztes Mal in Gestalt einer Katze auf die Erde zurück. Das erklärt einiges.

Hinduismus

Die Muttergöttin Shashthi wird stets mit zwei Kindern im Arm auf einer Katze reitend dargestellt. Die Katze ist das heilige Vahana Shashthis, ihr Zugtier und Erkennungszeichen. Es ranken sich viele Mythen um dieses Tier, dem von einer jungen Frau Unrecht geschehen sein soll, woraufhin die beleidigte Katze ihr kurzerhand die Kinder klaute. Der Konflikt wurde schließlich von Shashthi beigelegt. Geblieben ist der Glaube, dass schwangere Frauen Katzen besser keinen Schaden zufügen. Es könnte Shashthi erzürnen und ihren wichtigen Schutz für Niederkunft und Stillzeit gefährden.

Japan

Katzenverehrung hat in Japan eine sehr lange Tradition und ist aus der Landeskultur schlicht nicht wegzudenken. Von Nekogami, den Katzengöttern des Shintō-Glaubens, über die tiefe Verneigung vor Katzen in der Edo-Zeit (1603–1867) bis hin zu den allgegenwärtigen Maneki-neko, den glücksbringenden Winkekatzen. Und selbstverständlich schließt Kawaii, der heutige Niedlichkeitskult, jede Art von Katze ein und ist dafür verantwortlich, dass auf Japans Straßen Hundertschaften von Mädchen mit Puschelohren herumlaufen.

Quechua-Indianer

Eine ganz besondere Miez, die garantiert niemand gern zu Gast haben möchte, ist Ccoa. Ccoa ist ein Naturgeist der Quechua-Folklore aus dem Hochland Perus, dessen Manieren wirklich zu wünschen übriglassen. Die langgezogene fliegende graue Katze mit den schwarzen Streifen schießt gigantische Blitze aus ihren phosphoreszierenden Augen, spuckt Hagel, und als sei das noch nicht schlimm genug, pinkelt sie auch noch Regen. Das lässt die Ernten der Bauern natürlich nicht gut aussehen. Aber wenn Ccoa täglich etwas geopfert wird, schnurrt das Kätzchen. Ccoa ist das Haustier der lokalen Berggötter, der Apus.

Phantom-Katzen

Ein herrlich exzentrischer Kult erlebte im 20. Jahrhundert seine Blüte. Die Suche nach den Alien Big Cats oder Phantom-Katzen. Dabei geht es um den Nachweis der Existenz von Großkatzen (oder gigantischen Hauskatzen, das weiß ja eben keiner so genau) in Gegenden, in denen diese nicht vorkommen. Wissenschaftliche Argumente stoßen bei den Verschwörungsfanatikern auf taube Ohren. Die suchen lieber unbeirrbar nach einem Wesen, welches es nicht gibt, das aber trotzdem angeblich immer mal wieder gesehen wird. Wenn das keine religiösen Züge trägt … Das Zentrum dieser, den UFO-Jüngern verwandten Bewegung liegt natürlich in Großbritannien, dem Zuhause aller Schrulligkeit. Streng überwacht von der British Big Cats Society.

Magische Fähigkeiten von Katzen

Egal, ob man Katzen nun prinzipiell für höhere Wesen hält oder nicht, sie besitzen ganz objektiv betrachtet eine gewisse übersinnliche Begabung. Die allseits zu beobachtende Praxis etwa, noch bei größtem Übergewicht stets eine äußerst vorteilhaft kaschierende Sitzposition zu finden, lässt sich anders als durch Hexenwerk überhaupt nicht erklären.

Hier ein paar weitere unwiderlegbar magische Kunststücke, deren jede Katze fähig ist:

Vollständige Anpassung an die Umgebung bis zur Unsichtbarkeit, auch bekannt als Desillusionierungszauber

Sich innerhalb von Zehntelsekunden einfach in Luft auflösen

Lautloses Auftauchen aus dem Nichts, also Apparieren ohne Plopp

Verschwindenlassen von Gegenständen jeder Art
(einschließlich der Größe von Tischtennisbällen)

Dinge sehen, die sonst niemand sehen kann
(und auch von ihnen gejagt werden)

Veränderung des Körpervolumens in
Abhängigkeit vom Fassungsvermögen des gerade
bevorzugten Schlafplatzes (dieses Phänomen ist
insbesondere zu beobachten, wenn es sich dabei
um zu kleine Pappkartons handelt)

An senkrechten glatten Flächen hochlaufen

Imperius-Fluch (vollständige Beherrschung
anderer Lebewesen durch Gedankenkontrolle)

Mit allem glücklich sein, was das Leben bietet

Schnurren

Herausragende Katzen

Unter all den echten Katzen, die dem Menschen, sei-
nen Nahrungsvorräten und wärmenden Feuern seit
Jahrtausenden folgen, ob frei auf der Straße oder in
Lohn und Brekkies, haben es nicht wenige zu Ruhm

und manche sogar zu Ehre gebracht. Das gelingt Katzen eigentlich nur, wenn sie entweder etwas Besonderes getan haben oder mit einem namhaften Menschen zusammenlebten. Hier sind ein paar von ihnen:

»Micetto« (1823–1836)

Micetto, ein waschechter Römer in Schwarz-Rot-Grau, hatte gleich zwei weltberühmte Mitbewohner! Und zwar nicht umständehalber, weil die zufällig Geschwister oder ein Ehepaar waren. Nein, Micetto gehörte ursprünglich Papst Leo XII. Und als wäre das nicht schon exotisch genug, vererbte Seine Heiligkeit das geliebte Tier 1829 auch noch dem Einzigen, bei dem er es in guten Händen wähnte: dem großen Katzenliebhaber, bedeutenden Schriftsteller und damaligen französischen Botschafter in Rom François-René de Chateaubriand. Ja, das ist der, nach dem das Steak benannt wurde.

»Tom« (1912–1927)

In den ordentlichen englischen Rasen, der die riesige alte Pfarrkirche St Mary Redcliffe im Zentrum von Bristol umgibt, ist eine kleine Grabplatte eingelassen. »The Church Cat« steht darauf, die Kirchenkatze. Begraben ist hier Tom. Musikbegeisterung kommt bei

Katzen häufiger vor, aber üblicherweise ziehen sie zarte Töne vor. Tom dagegen liebte die kraftvolle Orgel. Über 15 Jahre saß er bei jedem Gottesdienst oben auf dem Chor und genoss das Spiel des Organisten. Danach verließ er beseelt das Gotteshaus und fiel über die Tauben und Ratten im Kirchhof her.

»Ti-Puss« (1942–mindestens 1945)

Die in jeder Hinsicht außergewöhnliche Ti-Puss wurde in einem Schrank in Tiruvannamalai, Südindien geboren. Zufällig hielt sich nebenan gerade eine Abenteurerin aus der französischen Schweiz auf. Elsa Maillart suchte eine Gefährtin, die zierliche graugepantherte Miez jemanden, der sich um sie kümmert. So beginnt die innige Freundschaft zweier freier Seelen, die in den 1940er Jahren gemeinsam ganz Indien bis hoch zum Himalaya durchquert haben. Mit der Bahn! Ella Maillart hat vor 65 Jahren darüber ein lustiges, ergreifendes Buch geschrieben, das seitdem keinen Tag gealtert ist.

»Room 8« (1947–1968)

Eines Tages war er einfach da, sprang auf den Lehrertisch und schlief dort ein. Der graubraune Tabbykater Room 8 (benannt nach seinem Lieblingsklassenzimmer), der 15 Jahre lang eine Grundschule in

Los Angeles bewohnte, war in den 1950/1960er Jahren die berühmteste Katze der USA. Vor allem Kinder liebten ihn und schrieben ihm, auf dem Höhepunkt seines Ruhms, bis zu 100 Briefe täglich. Diese Post wurde von den freiwilligen kleinen Katzen-Sekretären seiner Schule durchgesehen und beantwortet. Immer unter den interessierten Augen der Medien.

»Unsinkable Sam«, auch bekannt als »Oscar« (vor 1941–1955)

Der unsinkbare Sam oder Oscar (beide Namen wurden ihm von der britischen Marine verpasst) war ein legendärer, ursprünglich deutscher Schiffskater. Er überlebte nicht weniger als drei veritable Schiffsuntergänge, einen mit den Deutschen, zwei mit der Royal Navy. Den Matrosen wurde das mit der Zeit unheimlich, am Ende wollte ihn keiner mehr an Bord nehmen. Also heuerte Sam ab, wurde Hafenkater und legte sich den Rest seines Lebens nur noch mit Landratten an.

»Jock Churchill« (1962–1975) und »Socks Clinton« (1990–2009)

Beides die berühmten Kater noch berühmterer Staatsmänner – welcher von beiden einem vertrauter ist, hängt vermutlich von Jahrgang und Atlantikseite ab. Jock war der letzte Liebling des großen Katzenfans Sir Winston Churchill, auf dessen Anwesen, testamentarisch verfügt, bis heute ein Kater namens Jock lebt, mittlerweile in siebter Generation. Und dass Bill Clinton mit jeder Art von Mieze gut kann, ist ja weithin bekannt. Socks war keineswegs die erste First Cat der USA. Schon Lincoln brachte seine Katzen mit ins Weiße Haus. Bei Teddy Roosevelt durften sie gar an Staatsbanketten teilnehmen.

»Norton« (1983–1999)

Norton war ein äußerst kluger grauer Kater der Rasse Schottisch Faltohr, der in New York City mit dem Drehbuchautor Peter Gethers zusammenlebte. Jedenfalls wenn er nicht gerade mit seinem Dosenöffner in der Weltgeschichte umherflog. Als Gethers dringend zu Polanski nach Paris muss und die Norton-Nanny in letzter Sekunde absagt, nimmt er das Katerchen kurzerhand mit nach Europa. Es blieb nicht die letzte gemeinsame Fernreise. Gethers hat seine Zeit und Touren mit Norton glücklicherweise in drei großartigen Büchern mit der Welt geteilt. Unbedingt lesen!

»Dewey Readmore Books« (1987–2006)

Nicht vieles aus dem Mittleren Westen der USA schafft es in die internationale Presse. Einem bildhübschen rotgestreiften Kater, der einst achtlos im Bucheinwurf der Stadtbibliothek »entsorgt« wurde, ist es gelungen. Das clevere Tier ergriff seine Chance und bändelte sofort mit Mitarbeitern und Lesern an. Erfolgreich. Dewey durfte bleiben und zog zwischen die Bücherregale. Als er im hohen Alter von 19 Jahren starb, war er die berühmteste Bibliothekskatze der Welt.

»Scarlett« (1995–2008)

Als 1996 eine Garage in New York City in Flammen aufging, bemerkten die Feuerwehrmänner eine bereits schwer verletzte und vom Feuer erblindete Mutterkatze, die mit letzter Kraft ihre Jungen aus dem lodernden Verschlag rettete, bevor sie selbst bewusstlos umkippte. Nur dank sofortiger tierärztlicher Hilfe schaffte sie es, zu überleben. Eine Sensation. Tausende tiefgerührte Menschen rissen sich darum, die Heldin und ihre Kleinen zu sich zu nehmen. Man fand für die nie wieder ganz genesene Scarlett ein ruhiges Zuhause bei einer Schriftstellerin in Brooklyn, wo sie geliebt und umhegt noch 12 glückliche Katzenjahre genoss.

»Bob der Streuner« (* vor 2007)

Heruntergekommener Junkie findet verletzten Straßenkater und gibt sein letztes Geld für dessen Behandlung aus. Das vergilt ihm das Tier später millionenfach. Wortwörtlich. Denn seit der drogenabhängige James Bowen durch den Kater erst einen neuen Anfang gefunden und dann begonnen hat, Bücher über ihn zu schreiben, die sämtliche Bestsellerlisten der Welt stürmen, müssen Bob und er sich um Unterkunft oder Tierarzt nie wieder Sorgen machen. Ein modernes Katzenmärchen mit zwei sehr sympathischen Hauptdarstellern.

 Jokerwissen

Eine Ausnahme unter den historisch herausragenden Katzen ist Mr Lee. Weder war sein Mensch berühmt, noch hat er selbst etwas Besonderes getan – im Gegenteil, er hat sich wie jeder stinknormale Gartenkater benommen. Gerade deshalb hat er das Image der Katzen grundlegend revolutioniert! Der deutsche Ingenieur Jürgen Perthold hat eine Minikamera entwickelt (catcam) und sie seinem Kater umgehängt, um zu sehen, was Mr Lee eigentlich so treibt, wenn er nicht zu Hause ist. Dabei wurde erstmals dokumentiert, was Katzenpapst Paul Leyhausen schon immer wusste: Katzen sind weder Einzelgänger noch ungesellig. Sie treffen sich sogar mehrfach täglich mit anderen Katzen. An festen Orten und zu festen Zeiten. Ganz friedlich. Nur so, um zusammen ein bisschen rumzuhängen. Wie man das eben macht in einer Nachbarschaft.

DIE KRATZT! –
DIE GÄNGIGSTEN VORURTEILE

*Nichts ist für aufrichtige Liebhaber gefährlicher
als die Welt der Vorurteile.*

(Jean-Jacques Rousseau)

Ein Vorurteil ist eine, ohne Prüfung der objektiven Tatsachen, voreilig gefasste oder übernommene, meist von feindseligen Gefühlen geprägte Meinung. Sagt Herr Duden.

Katzen sind Vorurteilen in beispiellosem Maße ausgesetzt. Was umso mehr überrascht, als dieses Tier doch nun lange und nah genug mit dem Menschen zusammenlebt. Da sollten sich manche Dinge eigentlich langsam rumgesprochen haben …

Katzen fallen immer auf die Pfoten.

Nur, wenn sie genug Zeit haben, sich im Sturz zu drehen! Sonst plumpsen auch sie wie die anderen Sterblichen. Stellreflex hin oder her. Sollte andererseits der Absturzort zu weit oben liegen und der Landeplatz ein harter Boden oder gar Straßenpflaster sein, hilft der Katze auch die Ankunft auf allen vieren nichts, weil der Kopf den Aufprall nicht abfedern kann. Im günstigsten Fall hat sie »nur« kaputte Pfoten und einen gebrochenen Kiefer, im ungünstigsten Fall ist die ganze Katze hin. Auf die Pfoten zu fallen ist also definitiv keine Superpower.

Katzen sind Einzelgänger.

Nein. Katzen jagen zwar alleine, leben aber durchaus in sozialen Gruppen. Nur sind die nicht so hierarchisch durchstrukturiert und von Aufgabenzuteilung bestimmt wie bei Hunden. Was keineswegs bedeutet, dass Katzen deswegen Geselligkeit nicht schätzen. Insbesondere reine Wohnungskatzen sollten stets zu zweit gehalten werden. Sie fressen zwar etwas mehr, sind aber zusammen viel glücklicher. Gerade unzufriedene Katzensingles neigen zum Anstellen von Unfug – aus purer Langeweile. Wer seinen Katzen, seinen Nerven und seinem Mobiliar eine Freude machen will, hält stets zwei Katzen.

Katzen mögen immer den am meisten, der sie füttert.

Nein, so einfach gewinnt man das Herz einer Katze nicht. Wie die meisten Tiere (inklusive Mensch) beißen Katzen nicht die Hand, die sie füttert. Mit Zuneigung hat das gar nichts zu tun. Entsprechend legt sich die Miez auch nur so lange schmusig ins Zeug, wie sich in ebenjener Hand noch der begehrte Fleischtopf befindet. In der Wahl ihrer Liebsten aber sind Katzen unbestechlich. Da gilt nur ein Gesetz: Wo die Liebe hinfällt. Wo sie nicht hinfällt, der hat das Nachsehen, ob er nun der Fütterer ist oder nicht.

Schwarze Katzen bringen Unglück.

In der Tat. Aber nur, wenn man eine Maus ist. Dasselbe gilt übrigens für das Glück, das dreifarbige Katzen auslösen. Da sollte man als Nager besser auch nicht drauf wetten.

Katzen haben sieben Leben.

Nein. Leider nicht. Sie haben auch keine neun Leben. Katzen besitzen lediglich neun Zehen auf jeder Seite ihres Körpers. Jeweils fünf vorne und vier hinten. Falls das zahlenhokuspokusmäßig irgendwie weiterhilft.

Katzen kratzen und beißen ganz plötzlich, wenn man sie streichelt.

Nein, das tun sie nie. Und es ist nicht Schuld der Katze, wenn ihre deutliche Aufforderung, den Körperkontakt jetzt bitte einzustellen, nicht verstanden wurde: Ohren leicht anlegen, Pupillenverengung,

Zucken des Schwanzes. Vor allem Letzteres: Denn eine Katze, die »freundlich« mit dem Schwanz »wedelt« (und gar noch sehr laut »schnurrt« dazu!), möchte ganz dringend in Ruhe gelassen werden. Eine gesunde Katze würde niemals ohne Vorwarnung angreifen. Das wäre nämlich sehr, sehr unhöflich auf Kätzisch.

Katzen sind undankbar.

Dieses Vorurteil beruht auf der eigentümlichen Annahme, Katzen wären Menschen in sehr kleinen Fellkostümen. Der hässliche Ausdruck *Katzengedächtnis* zeugt davon. Er steht für jemanden, der vergisst, dass man ihm zuvor etwas Gutes erwiesen oder einen Gefallen getan hat. Katzen aber erinnern sich sehr wohl! An sie ist kein freundliches Wort verschwendet. Sie erwidern das lediglich auf ihre eigene Weise. Die gesellschaftliche Konvention kann sie mal.

Katzen sind falsch.

So ein Unfug. Und ein klassischer Fall von zweierlei Maß! Das Schöntun hat die Katze nun wirklich nicht erfunden. Wie die englische Schriftstellerin Emily Brontë 1842 in ihrem Essay »Die Katze« schon sehr richtig bemerkte, wird das, was bei Katzen gemeinhin als Falschheit gilt, bei Menschen schlicht Höflichkeit genannt …

Katzen mögen ist unmännlich.

Ach was! Andere Zeiten, andere Männerbilder. Der Trend geht heutzutage vielmehr deutlich hin zum Mann mit Katze. Der US-Komiker Michael Showalter hat sich dieses brennenden Themas sogar mit einem hilfreichen Buch angenommen: »Guys Can Be Cat Ladies Too. A Guidebook for Men and Their Cats«, Auch Männer können Katzenliebhaberinnen sein. Ein Ratgeber für Männer und ihre Katzen.

Katzen gefährden Kleinkinder.

Nein, ganz im Gegenteil, es ist sogar eindeutig umgekehrt! Während das Gerücht, Katzen könnten kleine Kinder im Schlaf ersticken, sich hartnäckig hält, weiß jeder Tierarzt: Die eigentliche Gefahr geht vom Kind aus. Am Schwanz ziehen und Puppenkleider überzerren sind noch das Harmloseste … Weswegen Katzen Kinder ab dem Krabbelalter auch ausgesprochen meiden.

VOGELMEUCHLER! –
DIE POPULÄRSTEN IRRTÜMER

Es irrt der Mensch, solang er strebt.

(Johann Wolfgang von Goethe)

Irrtümer sind fälschlicherweise für richtig gehaltene
Vorstellungen. Sie zu widerlegen ist ebenso populär
wie die Irrtümer selbst. Da macht Katzenwissen
(oder besser Katzenunwissen) keine Ausnahme.
Deshalb hier ein paar Dinge, die richtigzustellen sich
lohnt.

Katzen sind dem Ort treu,
nicht dem Menschen.

Nein. Katzen gehen mit Menschen sehr viel engere
und langfristigere Bindungen ein als mit ihrem Revier. Wenn Katzen nach einem Umzug vereinzelt
wieder den Weg zurück ins alte Heim suchen, dann
hat das immer damit zu tun, dass sie ihre Leute eh
nicht besonders mochten oder mit dem neuen Haus
irgendetwas entscheidend nicht stimmt. Zumal nicht
automatisch alle menschlichen Mitglieder eines
Katzenhaushalts höher in der Gunst der Miez stehen
als die Umgebung. Sie ist da wählerisch. Davon

können diejenigen ein trauriges Lied singen, die sich ein Leben lang vergebens um die Zuneigung der Familienkatze bemühen …

Katzen und Hunde hassen sich.

Nein. Sind sie zusammen aufgewachsen, haben sie gar kein Problem miteinander. Nur wenn sie mit der anderen Tierart nicht vertraut sind, kann es zu Schwierigkeiten kommen. Diese gehen allerdings über schlichte Verständigungsprobleme durchaus hinaus. In den Augen von Katzen sind Hunde hyperaktiv, laut und ungeschickt. Vor allem sind sie aufdringlich – und es gibt wenig Dinge, die eine Katze so unverzeihlich findet, wie mangelndes Gespür für soziale Distanz. Da setzt es schon mal einen Nasenstüber.

Katzen sind wasserscheu.

Im Gegenteil. Katzen haben nichts gegen Wasser, sie wollen nur nicht von uns hineingezwungen werden. Aber Regen zum Beispiel ist ihnen schnurz, beim Guppy-Angeln im Aquarium stellt das nasse Element keine Hürde dar, und fast allen Katzen kann man mit tropfenden Wasserhähnen eine große Freude bereiten. Zum Trinken wie zum Spielen. Außerdem gibt es viele Katzen, die ausgesprochen gern ein Bad nehmen. Abessinier oder Türkisch Van sind sogar bekannt dafür. Manche Züchter empfehlen gar das Anlegen eines Planschbeckens für die Tiere.

Katzen rotten Vogelarten aus.

Nein. Die dazu gern zitierten Zahlen sind schlicht falsch. Tatsächlich beweisen Studien vielmehr, dass Katzen erstens viel lieber Mäuse fangen und am Vogelsterben zweitens der Mensch selbst schuld ist. Umweltverschmutzung und fehlende Lebensräume sorgen für das Aussterben vieler Vogelarten. Das kann man nicht auf die Katzen abwälzen.

Wenn Katzen schnurren, fühlen sie sich wohl.

Nein. Katzen schnurren zwar ausgiebig, wenn sie sich wohlfühlen – aber die beruhigende Wirkung, die das Schnurren auf Menschen und Mitkatzen besitzt, hat es auch auf das Tier selbst. Deswegen schnurren Katzen auch in Stresssituationen, wie Krankheit oder Schmerz. Außerdem sollte man stets im Hinterkopf behalten, dass Katzen zudem gelegentlich ihre Beutetiere anschnurren – und zwar kurz bevor sie sie mit einem beherzten Biss töten.

Katzen lassen sich nicht erziehen.

Im Gegenteil, Katzen sind nicht nur erziehbar, sie lassen sich sogar 1A dressieren. Das Problem ist, dass sich das Erlernte, im Gegensatz zu Hunden und Menschen, aber nur dann abrufen lässt, wenn es dem Tier gerade in den Tagesablauf passt. Dann allerdings tadellos.

Katzen trinken Milch.

Nein, Katzen trinken Wasser und ziehen es, wenn sie durstig sind, der Milch klar vor. Zumal die meisten Katzen Milch gar nicht vertragen, weil Katzen nach der Entwöhnung eine Laktoseintoleranz entwickeln. Was nicht heißt, dass sie Milch auch meiden … Sie mögen sie sogar sehr gern – jedenfalls bis sie das erste Mal mit Krämpfen, Durchfall und Erbrechen im Körbchen liegen, weil sie nicht genug bekommen konnten. Dann hat sich's meist, hicks, ausgeschlabbert.

Katzen sind farbenblind.

Nein. Für Katzen stellen sich Farben nur sehr viel blasser dar als für uns Menschen, weil ihnen die Zapfen für langwelliges Licht fehlen. Sie können also nur sprichwörtlich Rot sehen, sonst nicht. Ihr Farbspektrum bewegt sich eher in undeutlichen Pastelltönen. Deswegen interessieren sich Katzen auch nicht für Farben – was wiederum den Irrtum verursacht hat, sie sähen sie auch nicht. So kann man sich täuschen.

Katzen können im Dunkeln sehen.

Na ja – aber nur, wenn irgendein, sei es noch so schwaches Licht vorhanden ist. In komplettem Dustern sind sie genauso blind wie Menschen. Katzenaugen haben hinter der Netzhaut eine Gewebeschicht mit dem schönen Namen *Tapetum lucidum*. Dieser kleine Leuchtteppich reflektiert, wie bei einem Spiegel, das eintreffende Licht sofort zurück auf die Netzhaut. Und doppelt hält bekanntlich besser.

Katzenhaare lösen Allergien aus.

Nein. Allergische Reaktionen werden von den Eiweißen im Katzenspeichel ausgelöst, welcher wiederum an den meisten Katzenhaaren haftet. Wenn man die Haare auf dem Sofa, Fußboden und Menschenkleidern waschen würde, wären sie für Allergiker völlig harmlos. Aber die Mühe macht sich natürlich niemand. Der Speichel von Katern ist übrigens allergener als der von Katzendamen.

ZWEI, DIE SICH MÖGEN –
KATZEN UND FRAUEN

> Frauen und Katzen machen sowieso, was sie wollen.
> Männer und Hunde sollten sich einfach entspannen
> und sich an den Gedanken gewöhnen.
>
> *(Robert A. Heinlein)*

Die Angst vor Katzen nennt man Ailurophobie. Sie kommt hauptsächlich bei Männern vor. Bekannte Tyrannen wie Julius Cäsar, Alexander der Große und Napoleon Bonaparte sollen davon betroffen gewesen sein. Adolf Hitler hasste Katzen sowieso. Logo.

Einander fast immer gewogen waren und sind sich dagegen Frauen und Katzen. Das ist zwar keine Gesetzmäßigkeit, aber auch kein Allgemeinplatz. Für die enge Bindung der Hauskatze an die Frau gibt es sogar ein paar handfeste historische Erklärungen. Die Schlüssigste ist sicher, dass sich Katzen über die Jahrtausende ihres Zusammenlebens mit dem Menschen in erster Linie im Haus und in den Vorratskammern aufgehalten haben, dort, wo sie gebraucht wurden – und dort, wo auch der traditionelle Lebensbereich der Frauen war. Sie haben sich also einfach öfter gesehen …

Die Vielfältigen – im Klischee vereint

Die Katze war von jeher das Bild für Unabhängigkeit, Freiheit und entsprechend auch Freizügigkeit. Sie wurde nicht umsonst jahrhundertelang von der christlichen Kirche verteufelt und verfolgt. Zumal ihr vermeintlich lasterhaftes Wesen immer wieder mit dem der Frauen assoziiert wurde. Man kann sich aussuchen, ob das mehr männliches Wunschdenken oder mehr männliche Panik war. Vermutlich beides.

Tatsache ist, dass bis heute mindestens die Hälfte dessen, wofür die Katze symbolisch steht, auch Frauen nachgesagt wird.

Hier ein kurzer Auszug aus einem Universum wohlfeiler Vorurteile, die sich untereinander durchaus widersprechen können:

Häuslichkeit
Unzähmbarkeit
Eleganz
Sauberkeit
Sensibilität
Emotionale Grausamkeit
Sinnlichkeit
Unergründlichkeit
Anschmiegsamkeit
Kratzbürstigkeit

Aufmerksamkeit
Gerissenheit

Berühmte Frauen und ihre Katzen

Klischees betreffen nicht nur die vermeintliche Wesensverwandtschaft von Frauen und Katzen, ihr Miteinander ist ebenfalls stark stigmatisiert. Zwischen Catwoman und Crazy Cat Lady ist da quasi alles drin. Gilt ein Singlemann mit Katze etwa als sexy und gefühlvoll, ist bei der Singlefrau mit Katze klar: Hier wird nur der Partner ersetzt. Gegebenenfalls auch die fehlenden Kinder. Die Ärmste. Die Tatsache, dass Katzen auch für Frauen, verheiratet oder nicht, nur Haustiere sind, deren Gesellschaft geschätzt wird, kommt gegen diesen Machoblödsinn einfach nicht an. Egal.

Hier ein paar berühmte Katzenhalterinnen, denen dieser Abklatsch völlig gleich war.

Marie-Antoinette (1755–1793) und ihre Angorakatzen

Nachdem die Königin auf dem Schafott ihr Leben ließ, wurden ihre vornehmen Angorakatzen nach Amerika verschifft. Dass sie dort die Urahnen der Maine Coon wurden, ist allerdings Humbug. Die

Maine Coon ist eine einheimische Rasse. Marie-Antoinettes Miezen könnten sich aber durchaus unter sie gemischt haben.

George Sand (1804–1876)
und Minou

Die leidenschaftliche französische Schriftstellerin mit dem männlichen Pseudonym, Verfechterin der Gleichberechtigung und freien Liebe, die Zigarren rauchte und (Skandal!) in Hosen herumspazierte, teilte jeden Morgen ihre Tasse Frühstücksmilch mit ihrer Katze Minou. Egal, welche illustren Gäste gerade mit am Tisch saßen.

Emily Brontë (1818–1848)
und Tiger

Auch die englischen Brontë-Schwestern sahen sich gezwungen, unter Männernamen zu publizieren. Im elterlichen Pfarrhaus gab es stets Katzen. Tiger wird in Emilys Tagebüchern erwähnt. Sie hat ihn auch gemalt. In ihrer Brüsseler Zeit schrieb sie zudem den Essay »Le chat«, eine ungewöhnliche Verteidigungsrede auf die Katze.

Florence Nightingale (1820–1910)
und viele, viele Katzen

Die Britin Florence Nightingale hat nicht nur die Krankenpflege revolutioniert, sie gilt auch als Urmutter aller »Crazy Cat Ladys«, katzenvernarrter alter Jungfern. Nightingale sagt man gern über 60 Katzen nach, wobei als bewiesen gilt, dass sie in ihrem Haus mit lediglich 17 Katzen zusammenlebte. Das geht ja noch.

Rosa Luxemburg (1871–1919)
und Mimi

In Rosa Luxemburgs berühmten Briefen aus dem Gefängnis schreibt sie oft über ihre innig geliebte Katze Mimi. Luxemburg sah sie nie wieder, das Tier starb überraschend 1917, Monate vor ihrer Entlassung. Mimis Tod brachte die große Revolutionärin mehr aus dem Gleichgewicht als alles andere während der Haft.

Peggy Guggenheim (1898–1979)
und Gypsy

Die weltweit bedeutendste Sammlerin und Mäzenin moderner Kunst war eine große Hundefreundin. Sie ließ sich sogar in Venedig neben ihren »geliebten

Babys« beisetzen. Auf deren Grabplatte steht auch Gypsy (1961–1975). Es ist wenig bekannt, dass es sich dabei um eine Perserkatze handelte.

Wanda Wulz (1903–1984)
und Pippo

Die italienische Fotografin ist mit dem ungewöhnlichen Selbstporträt »Io + gatto«, Ich + Katze, in die Kunstgeschichte eingegangen. Die Doppelbelichtung aus dem Jahr 1932 zeigt sie selbst und das Gesicht ihres Katers. Beide verschmelzen miteinander zu einem. Frau und Katze eben.

Marylin Monroe (1926–1962)
und Mitsou

Selbstverständlich hatte die Göttin am Firmament der Filmstars, Inbegriff von Verführung und Weiblichkeit, eine Katze! Sie hieß Mitsou, war eine weiße Perserin und lebte Mitte der 1950er Jahre mit Monroe und ihrem damaligen Ehemann Arthur Miller zusammen in New York City.

Elizabeth Taylor (1932–2011)
und Jeepers Creepers

Liz Taylor, die bekanntlich eine ausgeprägte Schwäche für alles Edle hatte, liebte Siamkatzen. Angeblich war sie es auch, die James Dean seinen abgöttisch geliebten schielenden Siamkater Marcus während der gemeinsamen Dreharbeiten zu »Giganten« schenkte.

Martha Stewart (*1941) und Bartok,
Beethoven, Berlioz, Mozart, Verdi und Vivaldi

Mit Martha Stewart und ihren Komponistenkatzen schließt sich der Kreis. Die einflussreichste Hausfrau der USA vereint in sich so ziemlich alle Frauen-Katzen-Klischees gleichzeitig, von Sauberkeit bis Kriminalität.

ALLES FÜR DIE KATZ –
SPRICHWÖRTER UND KATZEN

> Zu den sprichwörtlich gewordenen Dummheiten,
> gegen welche die Wissenschaft vergeblich kämpft,
> gehört die Meinung, Katzen seien falsch.
>
> *(Konrad Lorenz)*

Die Verleumdung der Katzen kennt viele Farben, und
wer Redensarten Glauben schenkt, wird nur Schlechtes annehmen. Die Katze im Sack kaufen, selbige aus
dem Sack lassen, für die Katz oder wie Hund und
Katz sein, um den heißen Brei herumschleichen, das
Mausen nicht lassen können, immer auf allen vieren landen, Krallen zeigen (oder gleich schärfen),
nachts grau oder katzenfreundlich sein, katzbu-
ckeln und so weiter … Katzen sind allgegenwärtig
in unserer Sprache – in negativem Zusammenhang.
Sie werden als falsch, diebisch und faul hingestellt,
erscheinen zuverlässig in Kombination mit Hund
als Hinweis auf Feindschaft, mit Maus als Zeichen
unverbesserlichen Lasters oder mit Frauen als Sinnbild für Unzähmbarkeit. Wo ist eigentlich das
Gleichstellungsamt, wenn man es braucht? Anderen
Tieren geht es da deutlich besser. Dabei gibt es
wirklich keinen ersichtlichen Grund, warum das
Murmeltier, der Fuchs, ja selbst der Pfau der Katze

vorgezogen wird. Der deutsche Sprichwörterschatz unterstreicht (im Gegensatz zu dem unserer Nachbarsprachen) so gut wie nie die positiven Seiten der Katze. Eine ebenso bösartige wie unverzeihliche Diskriminierung! Was nicht bedeutet, dass man sich damit abfinden muss.

Deutsche Katzensprichwörter, wie sie sein sollten

Schnurrt der Kater, freut sich der Vater.

Ein Mauzen am Morgen
vertreibt Kummer und Sorgen.

Auch die kleinste Schmusekatze
hebt gelegentlich die Tatze.

Kleine Katzen erhalten die Freundschaft.

Besser die Miez auf dem Sofa
als den Marder im Dachstuhl.

Eine Katz wäscht die andere.

Mauzen ist Silber, Schnurren ist Gold.

Vater werden ist nicht schwer,
Kater sein dagegen sehr.

Wer nie mit Katz beim Spiele saß,
weiß nicht wie Krallen pieken.

Wer das Kätzchen nicht ehrt,
ist des Schnurrens nicht wert.

Sprichwörtliche Tiere, die problemlos durch Katzen ersetzt werden könnten

Aal: Sich wie eine Katze winden.

Bär: Jemanden eine Katze aufbinden.

Flöhe: Die Katzen schleichen hören.

Frosch: Wissen, wo die Katz die Locken hat.

Fuchs: Schlau sein wie eine Katze.

Geier: Sich wie die Katzen auf etwas stürzen.

Hund: Keine Katze hinterm Ofen hervorlocken.

Murmeltier: Schlafen wie eine Katze.

Pfau: Stolz sein wie ein Kater.

Pferd: Immer sachte mit den jungen Kätzchen!

Sprichwörter, die von Katzen stammen könnten

Wo ein Wille ist, ist auch ein Weg.

Wer schläft, der sündigt nicht.

Wie man sich bettet, so liegt man.

Wer nicht kommt zur rechten Zeit,
der muss sehen, was übrig bleibt.

Leben und leben lassen.

Platz ist in der kleinsten Hütte.

Egal, was schiefgegangen ist,
tu so, als sei der Hund schuld.

Ich wasche meine Pfoten in Unschuld.

Ein voller Bauch studiert nicht gern.

Aus die Maus!

Nachbars Katz

Während bei uns der Apfel nicht weit vom Stamm fällt, fangen in Italien auch die Kinder von Katzen Mäuse. In Russland versteht selbst der Kater das, was bei uns jeder Esel kapiert. Der Brite hat Durchblick, wenn er sieht, wie die Katze springt, während wir in dem Fall wissen, wie der Hase läuft, und in Schweden enttarnt sich die Katze zwischen den Hermelinen genau wie bei uns der Kuckuck unter den Nachtigallen. Andere Länder, andere Katzen.

Hier eine kleine Auswahl kätzischer Redensarten unserer Nachbarn.

Englisch

It's raining cats and dogs
Es regnet Katzen und Hunde, sprichwörtlich für:
Es gießt in Strömen.

Beware of people who dislike cats.
Nimm dich vor Leuten in Acht, die Katzen nicht mögen.

Better one cat today than no cats tomorrow.
Lieber eine Katze heute, als gar keine Katzen morgen.

Französisch

Faire des chatteries
»Katzereien« machen, sprichwörtlich für:
jemanden umgarnen

À bon chat, bon rat.
Einer guten Katze gebührt auch eine gute Ratte.

Aux vilains matous, les belles chattes.
Die übelsten Kater kriegen die hübschesten Miezen.

Italienisch

Non c'è trippa per gatti!
Keine Kaldaunen für Katzen! Sprichwörtlich für:
Nicht die Spur einer Chance.

Quando il lardo è divorato, poco val cacciare il gatto.
Wenn der Speck aufgegessen ist,
muss man die Katze auch nicht mehr vertreiben.

Ogni gatta ha il suo febbraio.
Jede Katze hat ihren Februar.

Russisch

смотреть, как кот на сметану
Jemanden anschauen, wie der Kater die Sahne.

Кто кошек любит, будет жену любить.
Ein Mann, der Katzen liebt,
wird auch seine Frau lieben.

Скоро только кошки родяться!
Auf die Schnelle werden nur Katzenkinder geboren!

Schwedisch

Det osar katt
Es riecht nach Katze. Sprichwörtlich für:
Etwas fängt an, riskant zu werden.

Arga katter får rivet skinn.
Wütende Katzen haben bald einen zerrissenen Pelz.

Se ut som något som katten släpat in.
Das sieht aus, als hätte es die Katze ins Haus
geschleppt.

DA LACHEN JA DIE KATZEN –
KATZENWITZE

Fällt deine Katze vom Baum,
gehst du zum Lachen lieber schnell ins Haus.

(Patricia Highsmith)

Unter Hundefreunden gelten Katzen häufig als humorlos. Unter Katzenfreunden dagegen gelten Hundebesitzer, genau wie ihre apportierenden Lieblinge, als einfältig. Was wiederum schlüssig erklärt, wie ihnen der feine Witz der Katzen entgehen kann …

Zur Ehrenrettung der Hundefreunde sei allerdings gesagt, dass der Humor der Katzenbesitzer auch nicht immer ganz so geistreich ist, wie sie selbst glauben. Ein Umstand, der selbstverständlich nicht ihren Katzen angelastet werden kann.

Hier einige Witze, die sich zumindest bemühen, einen Blumentopf zu gewinnen:

Eine Katze kommt in den Himmel. Wie alle Neuankömmlinge hat sie erst mal einen Wunsch frei. Die Katze überlegt kurz, dann sagt sie: »Wenn das so ist, hätte ich gerne als Erstes einen Mantel aus reichen alten Weibern.«

Zwei Mäuse überqueren eine Straße.

Kreischt die eine panisch: »Pass auf, von links kommt eine schwarze Katze!«

Sagt die andere genervt: »Mann, Mann, jetzt sei doch nicht so abergläubisch!«

Kommt eine Frau mit einer ausgewachsenen Katze und sieben Katzenkindern zum Tierarzt.

»Ist das die Mutter der Kleinen?«, fragt der Arzt.

»Ja.«

»Lässt sie sich von Fremden anfassen?«

»Allerdings!«, antwortet die Frau seufzend: »Nur so sind wir ja in diese missliche Lage geraten.«

Zwei Katzendamen sitzen auf der Gartenmauer. Übers Nachbargrundstück spaziert einen gutaussehender Kater im besten Alter.

Sagt die eine: »Hast du den gesehen?! Mit dem würd ich ja gern mal das Körbchen teilen …«

»Vergiss es, lohnt sich nicht!«, warnt die andere. »Ich war letzte Woche mit ihm aus, und er hat die ganze Zeit nur von seiner OP geredet.«

Zwei Katzen sitzen vor einem Wellensittich im Vogelkäfig.

»Warum issen der so grün?«, fragt die eine.

»Keine Ahnung«, antwortet die andere. »Wahrscheinlich ist er noch nicht reif.«

Was ist der Unterschied zwischen einem Mann und einem Kater?
Das eine ist ein schlechtgelaunter Vielfraß, der nicht spricht und dem es egal ist, bei wem er wohnt. Und das andere ist ein Haustier.

Ein Mann im Kino bemerkt, wie sich eine Katze auf den Platz neben ihn schleicht.
»Was bitte macht denn eine Katze im Kino?!«, fragt er ungläubig.
»Wieso?«, antwortet die Katze. »Mir hat das Buch eben gut gefallen.«

CAT AT WORK – BERUFSTÄTIGE KATZEN

Die Katze bietet keine Serviceleistungen an.
Die Katze ist an sich ihr bestes Angebot.

(William S. Burroughs)

Es wird immer wieder kolportiert: Die Katze ist faul. Sie bummelt den lieben langen Tag vor sich hin – geliebt und gefüttert wird sie von uns trotzdem. Oder wie Kurt Tucholsky diesen Umstand 1928 in der Vossischen Zeitung beschrieb: »Sie symbolisieren irgendetwas: den Hausbesitzerstand, die Seele der Portiers, den weiblichen Charme – der Gewerbefleiß ist jedenfalls nicht darunter; denn die Katze ist das einzige vierbeinige Tier, das dem Menschen eingeredet hat, er müsse es erhalten, es brauche aber dafür nichts zu tun.« Kurt Tucholsky (Pseudonym Peter Panter!) war ein kluger Mann, und auch hierin irrte er nicht. Allerdings bestätigen Ausnahmen bekanntlich die Regel. Tatsächlich haben Katzen von jeher dem Menschen in unterschiedlichsten Anstellungsverhältnissen und mit weitgefächerten Arbeitsprofilen zur Seite gestanden. Einige von ihnen haben sogar in offiziellen Funktionen regelrechte Karrieren hingelegt. Hier eine kleine Reihe gesicherter Katzenbeschäftigungen.

Ungewöhnliche Katzenberufe

Jäger

Der altehrwürdigste aller Katzenberufe ist natürlich der Dienst in der Ungezieferabwehr. Den tun sie seit Jahrtausenden weltweit zuverlässig überall dort, wo es gilt, Nahrungsvorräte (speziell Getreide), Papier oder schlicht die Hygiene zu schützen. Namentlich hervorgetan haben sich unter den klassischen Mäusefängern historisch vor allem Schiffskatzen (Unsinkable Sam, Mrs Chippy, Trim und so weiter …). Kein Wunder, sind sie doch so was wie der Jetset ihrer sonst eher bodenständigen Spezies. Siamkater Truman Tao-Tai (1959–1975) verfuhr in seinem Leben an Bord des britischen Eisenerzfrachters Sagamire zum Beispiel stattliche 2,4 Millionen Kilometer. Damit hat er es natürlich ins Guinnessbuch der Rekorde geschafft.

Hotelkatze

Schon Erich Kästner erwähnt lobend die schwarze Katze im Savoy Hotel in London, die »mit einer Serviette um den Hals auf einem Stuhl neben Jimmy Edwards sitzen muss, falls er sonst bei Tisch der Dreizehnte wäre«. Noch heute hält das Savoy für diesen Fall eine Katze parat – damals wie heute keine echte, sondern eine elegante Art-déco-Plastik von 60 Zentimetern Höhe. Sie heißt Kaspar. Andere Hotels dagegen bevorzugen lebende Katzen. Erst kürzlich war Matilda III. aus dem New Yorker Algonquin in den Schlagzeilen, weil sie wegen einer Hygienereform nun an die Leine gelegt werden muss. Auch das Bristol in Paris etwa oder das Mount Nelson Hotel in Cape Town setzen auf hauseigenes Schnurrpersonal.

Astronautin

Félicette war eine schwarzweiße Pariser Straßenkatze, der die zweifelhafte Ehre zuteilwurde, als erste Katze in den Weltraum zu fliegen. Nachdem sie ein Trainingsprogramm der französischen Regierung erfolgreich absolviert hatte (sie war die einzige Probandin ohne Übergewicht), wurde sie am 18.10.1963 an Bord einer Véronique AG1 knapp 100 Kilometer hoch ins All geschossen. Ihr Flug dauerte 10 Minuten, dann löste sich die Kapsel von der Rakete und landete per Fallschirm samt Félicette sicher auf der Erde. Schon wenig später wurde sie aus Forschungsgründen eingeschläfert. Man hatte ihr vor dem Raumflug Elektroden ins Gehirn gepflanzt, die nun weiterer Untersuchung harrten. Geblieben ist Félicette nur der Ruhm.

Bahnhofsvorsteherin

Dreifarbige Katzen gelten nicht nur in Japan als Glücksbringer. Allerdings wurde nur dort eine solche offiziell zur Vorsteherin eines unbemannten Bahnhofs und später gar zur Stellvertretenden Präsidentin der Bahngesellschaft erhoben. Die gutmütige Tama, die kein Problem damit hatte, sich alberne Schaffnermützen und Kostüme verpassen zu lassen (letzteres insbesondere nachdem sie ob ihrer Verdienste in den Ritterstand erhoben wurde), entwickelte sich schnell zu einer Attraktion. Mit dem Ergebnis, dass die Kundenzahlen auf ihrer Strecke plötzlich wieder boomten. Als sie 2015 starb, wurde sie unter großer Anteilnahme ihrer Fans beerdigt und zur Göttin erklärt. Ihre Nachfolgerin Nitama ist bereits im Amt, auch sie eine Schildpattkatze von freundlichem Wesen ohne Allüren. Mit etwas Ehrgeiz bringt sie es genauso weit wie Tama.

Polizeikatze

Durch illegales Abfischen von Strören (welche bekanntlich Kaviar liefern) hat der russische Staat jedes Jahr Einbußen in dreistelliger Millionenhöhe. Deshalb beschloss die örtliche Polizei von Stawropol, den Dieben mit Hilfe eines Katers auf die Spur zu kommen. Rusik arbeitete sehr erfolgreich als Störschnüffler für die Behörden, bis er 2003 in Erfüllung seines Dienstes starb. Er wurde von einem Schmugglerauto überfahren. Seine Kollegen gehen von einem gezielten Anschlag aus.

Wenn Jean Cocteau von Rusik wüsste, würde er sich vermutlich im Grabe umdrehen, denn er prägte einst das schöne Bonmot: »Die Überlegenheit der Katze über den Hund zeigt sich darin, dass es keine Polizeikatzen gibt.«

Na ja, fast keine.

Wachkatze

Da Katzen ihr Revier ohnehin tagtäglich auf Kontrollgängen ablaufen, ist es nicht vollkommen absurd, sie für den Wachdienst einzusetzen. Man muss nur dafür sorgen, dass sie das zu bewachende Objekt als eigenes Territorium annehmen – und im Auge behalten, was von Belang ist. Für die Menschen wohlgemerkt, nicht für die Katzen. Sonst wäre es ja einfach. Aber manchmal passt es: So etwa arbeitet Bengalkatze Millie im englischen Southampton als offizielle Sicherheitskatze in einem Kaufhaus. Bezahlt wird sie, vertraglich festgelegt, in Dosenfutter und Frischfisch. Andere feline Sicherheitsmitarbeiter mit Festanstellung waren zum Beispiel Clara und später ihr Nachfolger Erik the Red, die beide im Maritime Museum of the Atlantic in

Halifax, Kanada, die CSS Acadia, ein altes Kriegs-schiff, bewachten.

Pfleger

Katzen haben den siebten Sinn. Sie spüren, wenn es ihrem Menschen schlechtgeht. Meist kommen sie dann und legen sich tröstend zu ihm. Einige Katzen betreiben dies ganz professionell auf hohem Niveau. Die bekannteste und phänomenalste unter den im Gesundheitswesen agierenden Katzen ist Oscar, ein mittlerweile 10-jähriger Kater aus Providence, Rhode Island, USA. Er ist berühmt für seine Gabe, den Tod vorauszusehen. Sobald sich Oscar, von Hause aus kein Kuschelkater, im Pflegeheim, in dem er lebt, schnurrend zu einem siechen Patienten ins Bett legt, benachrichtigt das Personal die Angehörigen. So sicher sind seine Prognosen. Bisher gibt es keine schlüssige Erklärung für Oscars erstaunliche Fähig-keit, die Wissenschaft beschäftigt sich bereits mit ihm.

Politiker

2012 hat es ein Maine Coon als parteiloser Kandidat beinah zum Senator von Virginia gebracht. Die Idee, Kater Hank mit Hilfe eines gefälschten Lebenslaufes offiziell bei dieser Wahl antreten zu lassen, war ursprünglich als Scherz gedacht, um so auf die Rechte von Tieren aufmerksam zu machen. Was auch wunderbar funktionierte. Vor allem nachdem bekannt wurde, dass Hank 7.319 Stimmen geholt hatte und damit Drittplatzierter war …

Nicht amtlich gesichert ist dagegen, dass ein roter Kater namens Stubbs tatsächlich in Talkeetna, einem kleinen Ort mit knapp 900 (zweibeinigen) Einwohnern in Alaska, offiziell Bürgermeister ist. Die Einwohner Talkeetnas haben diesen Umstand wiederholt in die Medien lanciert, die Behörden bestreiten es. Aber was wissen die schon von den Wählern vor Ort.

Truppenbüsi

Wer hat's erfunden? Die Schweizer! Nicht ganz. Katzen sind im Inventar des Militärs üblich, vor allem bei denen, die sich noch eine Kavallerie leisten. Irgendjemand muss ja die Hafer- und Strohlager unter Kontrolle haben. Äußerst ausgefallen dagegen ist die offizielle Aufnahme einer Katze in die Reihen der Armee mit dem Arbeitsprofil »Gute Stimmung auf dem Waffenplatz«. So geschehen 2013 in der Schweiz. Dort lebt in der Kaserne in Lyss seit 10 Jahren eine Katze namens Brigadier Broccoli und tut Dienst am Mann. Sie kuschelt hier, schnurrt da, streicht liebevoll um Soldatenbeine in Kampfanzügen. Und am

Wochenende hat Broccoli sturmfreie Bude: auf schlappen 60 000 Quadratmetern. Für so ein Revier kann katz sich schon mal rekrutieren lassen.

Briefkatze

Die zweite Hälfte des 19. Jahrhunderts war eine Zeit voller Pioniergeist. Am Horizont leuchtete verheißungsvoll die Moderne und gab vielen, vorher gänzlich ungedachten Ideen Raum, sich zu entfalten. Eine davon war der Versuch der belgischen Post im Jahr 1876, auf dem Land statt Briefträgern einfach Katzen einzusetzen. Die Tiere würden ja ohnehin zu ihren Höfen zurückkehren, da könne man doch eigentlich auch Nachrichten auf diese Weise transportieren. Und zwar »schnell und sicher«, wie selbst die New York Times damals mutmaßte. Denn das Projekt mit wasserfesten Täschchen auf den Rücken von 36 einheimischen Katzen stieß international auf großes Interesse. Aber die Rechnung war ohne den Wirt gemacht. Am Ende ist natürlich alles an der Disziplinlosigkeit und mangelnden Kooperation der Katzen gescheitert.

So was aber auch.

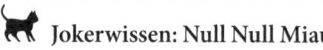 **Jokerwissen: Null Null Miau**

Ebenfalls auf ganzer Linie gescheitert, und zwar kolossal, ist der Einsatz von Katzen als Undercover-agenten. Dieses ehrgeizige Projekt gehört zu den schillerndsten Blüten des Kalten Krieges. Der US-amerikanische Geheimdienst gab in den 1960er Jahren nachweislich 20 Millionen Dollar aus und experimentierte fünf Jahre lang mit Katzen (!), um die Tiere mittels implantierter Miniaturabhöranlagen (!!) zur Spionage (!!!) einzusetzen. Als der Prototyp endlich so weit war und den Sowjets untergeschoben werden sollte, ging alles schief. Noch während der Einschleus-aktion entsprang das Tier auf die Straße. Was fatal war, weil es auf der Stelle ein vorbeifahrendes Taxi erfasste und tötete. Ob der Taxidriver Kommunist war, ist nicht überliefert. Danach gab die CIA das Einbinden von Katzen in jede Art konspirativer Arbeit auf.

Die Samtpfote der Nerds – Schrödingers Katze

Einer Katze unter den Berufstätigen mit Schnurrhaa-ren wurde für ihre Verdienste um die Wissenschaft ewiger Weltruhm zuteil. Ihr gebührt besondere Auf-merksamkeit – denn obwohl sie so prominent ist wie keine andere, wissen die wenigsten, was sie eigentlich genau getan hat. Die Rede ist natürlich von »Schrö-dingers Katze«.

Hierbei handelt es sich um ein Gedankenexperiment, das 1935 vom österreichischen Physiker, Nobelpreisträger und Begründer der Quantenmechanik Erwin Schrödinger entwickelt wurde. Es zeigt die Probleme der Anwendung quantenmechanischer Begrifflichkeiten auf Objekte des Alltags in der makroskopischen (also mit bloßem Auge wahrnehmbaren) Welt und den Einfluss des Beobachters. Klingt kompliziert? Macht nichts, dafür ist es schließlich auch moderne Physik.

Die Versuchsanordnung Schrödingers bestand aus einer imaginären geschlossenen Box, in der sich eine Katze, ein instabiler Atomkern, ein Geigerzähler und ein Behälter mit Giftgas befinden. Der instabile Atomkern wird, so viel ist klar, wahrscheinlich irgendwann zerfallen. Sobald er das tun sollte, wird der Geigerzähler aktiviert, der das Giftgas freisetzt, welches dann wiederum die in der Box befindliche Katze tötet.

Aber jetzt kommt's: Da jedoch niemand weiß, ob der Atomkern wirklich zerfällt, befindet sich die Katze theoretisch, wie der Atomkern selbst, in einem sogenannten überlagerten Zustand. Sie wäre folglich (und ausdrücklich paradoxerweise) sowohl tot als auch lebendig. Was von beidem tatsächlich zutrifft, erfährt man erst, wenn die Box geöffnet wird …

Gemeint ist damit, sehr vereinfacht gesagt, dass Messungen in der Quantenmechanik schwierig sind und man eigentlich erst hinterher schlau ist. Was andererseits ja nun wieder auf quasi alles im Leben zutrifft.

Wichtig für den Katzenkenner von Welt ist nur: Bei Schrödingers Experiment sind keine echten Tiere gestorben (und nicht gestorben). Schrödingers Katze war nur gedacht. Real sind allerdings die Witze, die seitdem über Schrödingers Katze kursieren. Hier eine kleine Einsicht in den Humor von Physikstudenten und anderen quantenmechanisch Geneigten:

Gesucht: Schrödingers Katze. Tot und lebendig.

Schrödingers Katze lebt … und ist sehr, sehr wütend.

Was hat Frau Schrödinger zu Dr. Schrödinger gesagt?
»Erwin, Schatz, hast Du die Katze gefüttert? Die sieht ja halbtot aus!«

Treffen sich zwei Mäuse.
Sagt die eine: »Schon gehört, Schrödingers Katze ist gestorben!!!«
Winkt die andere ab: »Ach was! Das glaub ich erst, wenn ich es mit eigenen Augen gesehen hab!«

Schrödingers Tagebucheintrag nach dem
Experiment:
Wir sind unsicher, was den Zustand der Katze in
der Box betrifft.
Wir haben keine Zweifel, was den Zustand
unserer Arme und Hände betrifft.

Der weltbeste Witz über Schrödingers Katze?
Er ist sowohl lustig als auch nicht lustig.
Bis du ihn erzählst. Dann weißt du es.

Curiosity might or might not have killed the cat.

KATZEN IN DER MALEREI

Schon die kleinste Katze ist ein Meisterwerk.

(Leonardo da Vinci)

Vor ein paar Jahren hatte die Sankt Petersburgerin Swetlana Petrowa die ebenso neckische wie erfolgreiche Idee, Fotos ihres dicken roten Katers per Bildbearbeitung in berühmte Gemälde der Kunstgeschichte zu montieren. Dabei ersetzt der Kater manchmal gänzlich das Modell und streckt etwa statt Michelangelos Adam jetzt den geringelten Puschelschwanz nach Gottvaters Hand aus – oder er erscheint als ergänzendes Detail und kuschelt mit der Mona Lisa (erklärt das endlich ihr geheimnisvolles Lächeln?) oder schmiegt sich hoffnungsvoll an Vermeers Milchmagd.

Dabei hätte es die Fat-Cat-Art streng genommen gar nicht gebraucht, denn Katzen (auch dicke rote) haben in der Klassischen Malerei seit jeher einen festen Platz. Die meisten großen Künstler haben sich mindestens einmal in ihrem Leben an Stubentigern probiert. Albrecht Dürer hat es getan, da Vinci, Rembrandt, Goya, Rousseau, Gauguin, Toulouse-Lautrec, Chagall, Liebermann, Otto Dix, Frida Kahlo und so weiter. Die Liste lässt sich beliebig fortsetzen.

Berühmte Katzenkünstler

Eines der komischsten und geistreichsten Katzenbücher, die je geschrieben wurden, trägt den Titel
»Warum Katzen malen. Eine Theorie der Katzen-
Ästhetik«. Gelegentlich übersehen Leser allerdings
die mit großer Ernsthaftigkeit vorgetragene Satire
und halten das Buch für ein Werk esoterischer
Katzenfanatiker. Entsprechend stellt sich ihnen nach
der ausführlichen Vorstellung diverser vierpfotiger
Katzenkünstler (mit so schönen Namen wie Minnie,
Ginger oder Rusty) nur eine Frage: Gibt es das etwa
wirklich?!?

Ja und nein.

Nein, es gibt natürlich keine malenden Katzen.

Aber JA, es gibt sehr wohl Katzenkünstler! In der
Kunstgeschichte finden sich immer wieder Maler
(allerdings ausschließlich menschliche), die sich in
ihrem Werk ungewöhnlich intensiv, manche beinah
uneingeschränkt, der Darstellung von Katzen zuge-
wandt haben. Hier eine kleine Auswahl:

Gottfried Mind (1768–1814)

Gottfried Mind war ein Schweizer Maler, der in seiner
Zeit als geistig minderbemittelt galt, bei dem heute allerdings davon ausgegangen wird, dass er Autist mit
einer Inselbegabung war. Er hatte das Glück, dass sein

künstlerisches Talent früh erkannt und erfolgreich gefördert wurde. Mit seinen detaillierten, exakten Katzenzeichnungen erlangte Mind große internationale Popularität, weswegen ihm von Zeitgenossen der Titel »Katzen-Raffael« verliehen wurde, unter dem er noch immer berühmt ist.

Henriëtte Ronner-Knip (1821–1909)

Henriëtte Ronner-Knip war eine niederländisch-belgische Malerin, die sich (obwohl von Hause aus eher Hundefreundin) auf Katzenporträts spezialisierte und damit sehr großen Erfolg hatte. Ihre sentimentalen Gemälde, bevölkert von spielenden Katzen auf Samtkissen, bedienten den Modegeschmack der Zeit par excellence und hingen in Villen und Palästen ganz Europas. Um die Tiere in ihrem ungestörten natürlichen Miteinander besser beobachten zu können, ließ sie sich ein frontalverglastes Atelier bauen. Über putziges Herumtollen zwischen Uhren und Juwelen kommen ihre Katzen trotzdem meist nicht hinaus.

Alfred Arthur Brunel-Neuville (1852–1941)

Die naturgetreue, rührselige Darstellung von Tieren, insbesondere von Katzen, boomte in der zweiten Hälfte des 19. Jahrhunderts. Diesem Trend folgte auch der Franzose Alfred Arthur Brunel-Neuville, der damit zum führenden Tiermaler der Pariser Schule avancierte. Er sei hier stellvertretend genannt für wirklich Dutzende Katzenporträtisten dieser Epoche wie etwa Horatio Henry Couldery (1832–1893), Jules Le Roy (1853–1921), Charles van den Eycken (1859–1923) und viele mehr. In einer Zeit, in der Vincent van Gogh kaum ein einziges Bild verkaufen konnte und in großer Armut leben musste, verdienten die Genremaler mit ihren kitschigen Kätzchen ganze Vermögen. Im Gegensatz zu dem Werk van Goghs gilt ihr Schaffen heute allerdings als weitgehend belanglos und ist zu Recht vergessen.

Théophile-Alexandre Steinlen (1859–1923)

Ein ganz anderes künstlerisches Kaliber war da Théophile-Alexandre Steinlen, zweifellos der größte Katzenfan des Jugendstils. Der französisch-schweizerische Maler, Graphiker, Bildhauer und bekennende Anarchist hat ein sehr vielfältiges Werk hinterlassen, darunter viele Katzenbilder – und eine echte Popikone der modernen Katzendarstellung: die berühmte langhaarige schwarze Katze auf dem Logo des Pariser Nachtclubs Chat Noir aus dem Jahr 1896. Die Kunst Steinlens zeigt, dass Darstellungen von Katzen keineswegs zwingend in Kitsch ausarten müssen.

Luis Waine (1860–1939)

Luis Waine ist sicher der ungewöhnlichste und tragischste Fall unter den Katzenmalern. Der Brite war zunächst als Illustrator für verschiedene Zeitschriften tätig, begann aber nach dem Tod seiner Frau verstärkt Katzen in menschlichen Situationen zu zeichnen und wurde damit schnell, auch international, populär. 30 Jahre lang lebte Luis Waine sehr erfolgreich von seinen Katzen-Comics. Um 1910 erkrankte er an Schizophrenie. Die Auswirkungen und der verheerende Verlauf dieser Krankheit lassen sich auf zunächst interessante, dann immer erschütterndere Weise in seinen auch weiterhin in zahlloser Menge entstandenen Katzenbildern ablesen.

Arthur Heyer (1872–1931)

Der deutsch-ungarische Maler Arthur Heyer, genannt Katzen-Heyer, ist ebenfalls ein Sonderfall unter den Tiermalern. Er war so spezialisiert in seinem Genre, dass er zeit seines Lebens quasi fast ausschließlich weiße Angorakatzen auf die Leinwand brachte. In allen möglichen Variationen. Er tat dies derart erfolgreich, dass so ziemlich jeder gutbetuchte Europäer, der ein solch kostbares Tier sein Eigen nannte, bei ihm ein Porträt seines Lieblings in Auftrag gab. Ein kuschelweißer künstlerischer Teufelskreis. Für ein Staatsbegräbnis erster Klasse in Budapest und eine Flut an Kunstdrucken für die Nachwelt hat es trotzdem gereicht.

Gwen John (1876–1936)

Die Waliserin Gwen John war keineswegs eine Malerin, die sich hingebungsvoll der Katzendarstellung verschrieben hätte. Im Gegenteil, berühmt geworden ist sie mit ihren modernen, nüchternen Frauenporträts. Neben ihren Gemälden aber fertigte sie zahllose Studien und Aquarelle, von denen signifikant viele Schildpattkatzen zeigen. Diese Zeichnungen, die oft skizzenhaft leicht wirken, sind von großer Intensität, Präzision und Zärtlichkeit.

Balthus (1908–2001)

Von Balthasar Klossowski, einem Maler polnisch-deutscher Herkunft mit französischem Pass, Schweizer Chalet und Rainer Maria Rilke als Ziehvater, gibt es ein Selbstbildnis aus dem Jahr 1935, das ihn als lässigen Dandy neben einem graugetigerten Kater zeigt. Der junge Klossowski, der unter dem Künstlernamen Balthus weltberühmt wurde, hat es wegweisend und selbstbewusst »Der König der Katzen« genannt. Balthus' Werk ist äußerst umstritten. Allerdings weniger wegen der vielen, zum Teil außergewöhnlichen Katzenbilder als vielmehr wegen seines zweiten Lieblingsmotivs, das er mit ebensolcher Obsession malte: minderjährige Mädchen in, sagen wir mal höflich, fragwürdigen Posen.

Will Barnet (1911–2012)

Der erst kürzlich verstorbene US-Amerikaner Will Barnet war ein Künstler, dessen umfangreiches Werk von sehr unterschiedlichen Stilen bestimmt wurde. Das Motiv der Katze aber hat ihn über das gesamte sagenhafte Jahrhundert seines Lebens hinweg begleitet. Auch wenn Katzen selten der eigentliche Mittelpunkt seiner Bilder waren, schleichen sie doch mit großer Regelmäßigkeit durch die Szenerie. Kein Wunder, schließlich hatte alles mit ihnen begonnen. Als Barnet 1931 aus Boston nach New York City kam, um Malerei zu studieren, hatte er nichts bei sich als 10 Dollar – und eine Handvoll Porträts der Familienkatze.

Rosina Wachtmeister (*1939)

Die Österreicherin Rosina Wachtmeister ist der Hundertwasser unter den Katzenmalern. Hundertwasser – nicht Tausendsassa. Ihre oft dekorativ Ton in Ton gehaltenen, flächig naiven Katzendarstellungen sind so populär, dass sie seit Jahrzehnten auf alles, von Regenschirm bis Sammeltasse, gedruckt werden, das durch Menschenhände geht. Rosina Wachtmeisters Katzenbilder sind nicht unansprechend. Doch sie zeigen anschaulich, dass die Grenze zwischen Kunst und Kitsch oft nur blattgolddünn ist.

Bedeutende Gemälde mit Katzen

Über die Jahrhunderte hinweg treten Katzen immer wieder zuverlässig auf Gemälden in Erscheinung, die Haushalts- und Familiengeschehen oder Situationen bäuerlichen Alltags darstellen. Wo Katzen sich eben auch im richtigen Leben so herumtreiben … Interessanterweise tauchen sie sogar in zahlreichen biblischen Szenen und Heiligendarstellungen auf – im Unterschied zur Bibel selbst, in der bekanntlich keine einzige Katze zu finden ist.

Signifikant häufig sind Katzen außerdem als Verstärkung auf Porträts gemalt worden, gern auf dem Arm ihrer stolzen Besitzer. Unter diesen Bildnissen mit Katze wiederum gibt es eine motivische Untergruppe, die so groß ist, dass sie das Genre deutlich dominiert. Denn obwohl es zahllose Bilder von Männern mit Katzen, Kindern mit Katzen, Gruppen mit Katzen gibt, bleibt die Miez doch, wie in allen Künsten, auch in der Malerei in erster Linie eine treue

Begleiterin der Frau. Deshalb soll dieses Sujet hier den Vorrang bekommen, der ihm zusteht.

Eine kleine Auswahl berühmter Gemälde von Frauen und Katzen aus den letzten 500 Jahren.

1508
Hans von Kulmbach
»Mädchen, einen Kranz flechtend«

Die (später fälschlicherweise hinzugefügten) Initialen Dürers auf diesem Bild gehen vermutlich darauf zurück, dass der deutsche Renaissancemaler Hans von Kulmbach (1480–1522) ein enger Freund und Assistent Albrecht Dürers war. Die beidseitig ölbemalte Holztafel zeigt eine junge Frau am Fenster beim Flechten eines Blumenkranzes, wobei sie von ihrer weißen, markant im Vordergrund auf dem Fensterbrett platzierten Katze aufmerksam beobachtet wird. Durch das Bild rankt sich eine Banderole, auf der steht: »Ich pínt [binde] mít · Vergís meín nít [Vergissmeinnicht]«. Vermutlich gilt der Liebesgruß dem auf der Rückseite der Tafel abgebildeten Jüngling. Er hat keine Katze dabei.

1525
Francesco Ubertini genannt Bachiacca
»Giovane donna con gatto«

Der Florentiner Maler Francesco Ubertini, genannt Bachiacca (1499–1572), war ein typischer Vertreter des italienischen Manierismus. Sein Bildnis der nicht identifizierten schönen »Jungen Frau mit Katze« zeigt dies in charakteristischer Weise. Ihr elegantes Kleid, die kunstvolle Frisur, der Perlenschmuck und nicht zuletzt die edle hellbraune Katze (mit den artig gekreuzten Pfötchen) in ihrem Arm deuten auf die hohe gesellschaftliche Stellung und den kultivierten Hintergrund der Dame als Mitglied einer Patrizier-familie. Der Katze ist das vermutlich egal.

1790
Rufus Hathaway »Lady with Her Pets«

Der US-amerikanische Autodidakt Rufus Hathaway (1770–1822) schuf eine ganze Reihe bedeutender Porträts, bevor er dem Druck seines Schwiegervaters nachgab und einen anständigen Beruf ergriff: Er studierte Medizin. Zwar wurde er ein angesehener Arzt, aber ganz falsch lag er mit seinem Hobby auch nicht. Das Gemälde »Dame mit ihren Haustieren« zum Beispiel hängt heute im Metropolitan Museum of Art in New York City. Vermutet wird hinter der in beherzten geraden Strichen Porträtierten eine Lady aus Massachusetts. Fraglos ist sie aus gutem Hause, denn die Darstellung einer Katze als umhegtes Haushaltsmitglied (und nicht auf Mäusejagd im Keller) verweist Ende des 18. Jahrhunderts in den USA deutlich auf Wohlstand. Selbst der Name des schwarzen Katers ist auf dem Bild überliefert: Canter.

Um 1810
Marguerite Gérard »La dame et son chat«

Auf den Gemälden von Marguerite Gérard (1761–1837), eine der wichtigsten Künstlerinnen des französischen Klassizismus, sind häufiger Katzen zu sehen. Zumeist als Teil der Szenerie, spielend am Bildrand in symbolischer Funktion: Gérard hatte sich auf das Thema Mutterschaft spezialisiert. Entsprechend oft hat sie Frauen mit ihren Kinder porträtiert. Katzen passten dazu als Mitglied des Familienhaushalts ebenso wie als Sinnbild der Fruchtbarkeit. Insofern ist das Werk »Die Dame und ihre Katze« gleich zweifach ungewöhnlich. Es zeigt nicht nur eine Frau ohne Kinder – es räumt der, auf einem Tisch erhöht, direkt neben der Dame sitzenden Angorakatze auch gleichberechtigten Raum im Bild ein. Quasi ein Doppelporträt.

1887
Auguste Renoir
»Mademoiselle Julie Manet et un chat«

Auguste Renoir (1841–1919) hat Katzen gemocht.
Der französische Impressionist hat sie häufig gemalt.
Aber die Schildpattkatze, die sich auf dem Gemälde
»Fräulein Julie Manet und Katze« mit geschlossenen
Augen auf den Schoß des Mädchens kuschelt, ist
etwas Besonderes. Sie ist so offenkundig glücklich,
dass man sie gleichsam schnurren hören kann. Im
Gegensatz zu ihrer menschlichen Freundin, die einen
eher melancholischen Ausdruck hat. Vielleicht ahnt
sie, was ihr bevorsteht. Julie Manet war das Kind
der ebenfalls sehr bekannten Malerin Berthe Morisot
und Eugène Manets, dem jüngeren Bruder von
Edouard Manet. Nachdem sie mit 16 Jahren ver-
waiste, kümmerten sich Stéphane Mallarmé und
Auguste Renoir um ihre Erziehung.

1918
Boris Kustodijew »Купчиха за чаем«

»Die Gattin des Kaufmanns« von Boris Michai-
lowitsch Kustodijew (1878–1927) ist eine junge Frau
ganz nach dem Geschmack des alten Russlands:
blond, rotbackig, üppig. Sie sitzt teetrinkend auf
einem Balkon. Vor ihr ein reichgedeckter Tisch mit

Samowar, in der Ferne hinter ihren halbnackten Schultern die Weiten der Heimat. Zwiebeltürme, Hügel, Sonnenschein. Dem folkloristischen Stil entsprechend alles von kräftigen Farben geflutet. Seitlich auf der Balustrade balanciert ein gescheckter Kater, der sich lüstern an die Dame schmiegt. Was er will, ist deutlich in seinem Gesicht zu lesen: Na, meine Schöne, ein Tänzchen gefällig? Ich nähme sonst ersatzweise auch was von der Pastete.

1928
Lotte Laserstein »Selbstporträt mit Katze«

Die Deutsche Lotte Laserstein (1898–1993), die mehr als die Hälfte ihres langen Lebens in Schweden verbrachte, war eine der interessantesten Künstlerinnen der Weimarer Republik. 1937 floh sie als Jüdin vor den Nazis nach Stockholm. Laserstein war eine moderne, unabhängige Frau und hat zumeist ebensolche gemalt. Ihre Bilder gelten als wichtige Zeugnisse weiblicher Emanzipation. Das »Selbstporträt mit Katze« zeigt sie ernst und androgyn mit Männerhaarschnitt bei der Arbeit. Die dunkelgetigerte Katze auf ihrem Arm bildet einen starken Kontrast zum Weiß des Malerkittels. Angeblich musste das Tier damals mit Milch und Brandy zum Posieren überzeugt werden.

1941
Pablo Picasso »Dora Maar au chat«

Das geschulte Auge sucht die Katze vergebens auf dem unruhig gemusterten Rock von Dora Maar – denn im Unterschied zu anderen berühmten Frau-mit-Katze-Porträts von Picasso (1881–1973) befindet sich das Tier nicht wie sonst auf dem Schoß der Dame, sondern läuft hinter ihr auf der Stuhllehne entlang. Der große Katzenliebhaber Picasso hat sich immer wieder und in beinah allen Phasen seines Schaffens dem Sujet »Femme au chat« gewidmet. Das Bildnis »Dora Maar mit Katze« ist nicht nur das berühmteste dieser Reihe, es ist auch eines der kostenintensivsten Kunstwerke der Welt. Vor einigen Jahren wechselte es für 95 Millionen US-Dollar bei Sotheby's in New York City den Besitzer.

1947
Lucian Freud »Girl with a Kitten«

Lucian Freud »Mädchen mit kleiner Katze« ist eines der bekanntesten Frühwerke von Lucian Freud (1922–2011), dem wohl bedeutendsten zeitgenössischen Maler Großbritanniens. Es zeigt seine damalige Ehefrau Katherine Garman als geistesabwesende junge Frau mit Katzenkind. Sie hält das Tier nicht dekorativ im Arm, sondern hat die Hand in derartigem Klammergriff um dessen Hals gelegt, dass man fürchtet, sie könne ihm jeden Moment die Kehle abschnüren. Allerdings ist das Kätzchen für Freud, hierin ganz der Opa, nur ein Stellvertreter. Um das zu deuten, muss man kein Psychoanalytiker (oder dessen Enkel) sein: Kitty ist im Englischen sowohl die Koseform von Kitten (Katzenjunges) als auch des Vornamens Katherine. Das halberwürgte Kätzchen steht also eher für den wortwörtlichen Kampf von Kitty Garman mit sich selbst.

1971
Leonor Fini »Les Mutantes«

Die argentinisch-italienische Künstlerin Leonor Fini (1907–1996), eine der wenigen Frauen im Männerclub der Surrealisten, ist heute fast vergessen. Dabei war sie einst die Grande Dame der Pariser Boheme, kannte alle von Dalí bis Picasso und galt als meistfotografierte Frau ihrer Zeit. Sie war Freigeist und Avantgardistin in vielerlei Hinsicht. Jahrzehntelang lebte sie mit zwei Männern zusammen – und vielen, vielen Perserkatzen. »Die Mutanten«, eines ihrer bekanntesten Gemälde, zeigt auf einer Schaukel sitzend drei kleine Mädchen mit riesigen Hüten und je einer Katze auf dem Schoß. Das Ungewöhnliche ist, dass der Gesichtsausdruck jedes Mädchens exakt den ihrer Katze spiegelt. Oder umgekehrt. So genau lässt sich das nicht sagen. Die ewige Verbindung von Frau und Katze.

Berühmte Katzenporträts

Neben berühmten Kunstwerken, auf denen Katzen mit von der Partie sind, gibt es selbstverständlich auch eine sehr große Anzahl an Werken, die sich allein der Katze widmen. Wenn große Maler versuchen, das Wesen der Katze auf Gemälden, Holzschnitten oder Kupferstichen einzufangen, hat das Ergebnis niemals etwas mit der drolligen Ästhetik von Katzenpostkarten zu tun, sondern immer mit einem tiefen Blick in die Seele. Der des Künstlers wie der des Tieres …

Hier eine Reihe wirklich umwerfender Katzenporträts.

1657
Cornelis Visscher »Grote Kat«

»Die große Katze« aus dem Jahr 1657 gehört zu den bekanntesten Katzendarstellungen des Goldenen Zeitalters der Niederlande. Obwohl die Radiertechnik in jener Zeit wesentlich populärer war, widmete sich der Haarlemer Künstler Cornelis Visscher (zirka 1629–1662) bevorzugt dem Kupferstich. Die mit geschlossenen Augen ruhig vor sich hin dösende getigerte Katze ist ungewöhnlich präsent in der Komposition des Gesamtbildes – sie füllt es bis zum Rahmen fast komplett aus. Groß allerdings ist sie vor allem im Verhältnis zur hinter ihr, ganz am Bildrand erschrocken erstarrten Maus, die wohl etwas Spannung in die ansonsten idyllische Szene bringen soll …

1737

Jean-Baptiste Oudry »Chatte et chaton«

Der Pariser Jean-Baptiste Oudry (1686–1755) war Hofmaler von Ludwig XV. und ein typischer Vertreter des französischen Rokoko. Ganz im Sinne der Mode spezialisierte er sich auf Jagdszenen, Porträts exotischer Tiere, Stillleben mit Beute und Obst. Einer seiner größten Fans war Christian II. Ludwig, Herzog zu Mecklenburg, weswegen sich heute eine umfangreiche Sammlung von Oudrys Werken in Schwerin befindet. »Katze und Kätzchen« zeigt eine schwarzbraune Katzenmutter mit weißen Pfoten, deren schneeweißes Jungtier sich ängstlich an sie drängt. Beide Tiere kauern im Schutz eines Mauervorsprungs und wirken gestresst. Zentrum des Bildes sind das ausdrucksstarke gefleckte Gesicht der Mutterkatze und ihre klaren hellen Augen.

1857

Andō Hiroshige
»浅草田甫酉の町詣«

Lange, lange bevor Europa die Katze als Motiv für sich entdeckte, war sie aus der indischen, chinesischen oder japanischen Kunst schon nicht mehr wegzudenken. Das hat natürlich mit der positiven kulturellen Konnotation der Katze in Asien zu tun. Einer, der sie besonders verehrte und oft abbildete, war Andō Hiroshige (1797–1858). Hiroshige gilt als einer der größten Meister des traditionellen Farbholzschnitts in Japan und hat das Bild der japanischen Kunst außerhalb Asiens entscheidend geprägt. Er selbst hielt seine letzte Arbeit »100 berühmte Ansichten von Edo« für das bedeutendste seiner Werke. Ein Blatt dieser weltberühmten Drucksammlung zeigt eine schwarzweiße Stummelschwanzkatze (Japanese Bobtail), die durch ein Fenster auf die Reisfelder von Asakusa und den Vulkankegel des Fujis in der Ferne schaut.

1894

Pierre Bonnard »Le Chat blanc«

»Die Kunst ist eben nicht die Natur«, antwortete der Franzose Pierre Bonnard (1867–1947) nonchalant auf die Frage, warum seine berühmte »Weiße Katze«

so überdimensioniert lange Beine habe. Tatsächlich wirkt sie etwas grotesk, wie sie da stelzenbeinig im Freien vor einer Hecke steht, leicht buckelnd, den Kopf zwischen die Schultern gezogen, den Schwanz zu einem perfekten S geschwungen. Vermutlich streckt sie wohlig die Glieder in der Sonne. Das Werk von Pierre Bonnard, der kurzzeitig zu den Nabis zählte, einer aufbegehrenden Künstlergruppe des ausgehenden 19. Jahrhunderts, lässt sich bis heute keiner Stilrichtung eindeutig zuordnen. Warum auch.

1912
Franz Marc »Die weiße Katze«

Die meisten Bilder des im Ersten Weltkrieg vor Verdun gefallenen herausragenden deutschen Expressionisten Franz Marc (1880–1916) stellen Tiere dar. Darunter auch immer wieder Katzen. Eines seiner berühmtesten Motive zeigt eine weiße Katze, friedlich zusammengerollt auf einem gelben Kissen. Einen Hinterlauf unter den Kopf gestreckt, den anderen mitsamt der Vorderpfote locker darüber gelegt. Franz Marc hat auf diesem Gemälde nichts Ungewöhnliches, aber doch etwas Magisches eingefangen. Denn es gehört zu den schönsten Momenten im Zusammenleben mit Katzen, sie so schlafen zu sehen. Bei diesem friedlichen Anblick kann man nicht anders, als innezuhalten und zu lächeln. Ein winziger Augenblick des Glücks.

1914–1915
Karl Schmidt-Rottluff »Katzen«

Karl Schmidt-Rottluff (1884–1976) war einer der bedeutendsten deutschen Expressionisten. Er hinterließ eine Vielzahl Gemälde, Plastiken, Lithographien, Stiche und Holzschnitte. Einige seiner Werke wurden 1939 als entartete Kunst verbrannt. Unter seinen Holzschnitten befinden sich drei sehr bekannte Katzenmotive aus den Jahren 1914 und 1915. Sie zeigen jeweils ein Katzenpaar in unterschiedlicher Positionierung zueinander. Eine der größten Förderinnen und enge Freundin von Schmidt-Rottluff, die Hamburger Kunsthistorikerin Rosa Shapire, sagte über diese ausdrucksstarken Arbeiten: »Schmidt-Rottluff hat in seinem Bild das Wesentliche des Katzenwesens erfasst. Mehr Katze geht einfach nicht.«

1920
Suzanne Valadon
»Raminou assis sur une draperie«

Suzanne Valadon (1865–1938) war eine eigensinnige, selbstbewusste, talentierte Frau mit einer außergewöhnlichen Biographie. Sie stand Modell für Renoir und Toulouse-Lautrec, war befreundet mit Degas, Satie und Picasso, brachte einen unehelichen Sohn zur Welt (den späteren Maler Maurice Utrillo), dessen Vater sie niemals preisgab, und wurde selbst eine der bedeutendsten Malerinnen ihrer Zeit. In Valadons äußerst umfangreichen Werk finden sich auch einige Porträts von und mit Katzen. Zumeist derselben: einem rotgetigerten Kater namens Raminou. Das bekannteste ist »Raminou sitzend auf einer Drapierung«, auf welcher das Tier, inmitten eines riesigen Faltenwurfs ausharrend, freundlich, beinah lächelnd den Betrachter direkt anschaut.

1928
Paul Klee »Katze und Vogel«

»Katze und Vogel« von Paul Klee (1879–1940) ist zweifellos eines der berühmtesten und interessantesten Katzenporträts der Kunstgeschichte überhaupt. In klaren, beinah naiven, durchgehenden Linien zeichnet der Maler das Gesicht einer Katze mit einer herzförmigen Nase, kraftvollen Schnurrhaaren und großen ausdrucksstarken Augen – zwischen welchen sich ein Vogel befindet. Klar, sagen die einen, bei Katzen piept's ja schließlich auch gewaltig. Na und, erwidern die anderen, lieber einen Vogel haben als Dinge apportieren. Der große Meister und Katzenliebhaber Klee selbst hatte sicherlich eher das Objekt jeder kätzischen Begierde im Sinn und hat es zielsicher dort positioniert, wo es hingehört: mitten auf die Stirn.

1934
Agnes Miller Parker »The Challenge«

Agnes Miller Parker (1895–1980) war eine schottische Künstlerin, die vor allem Holzschnitte hinterlassen hat. Ihre Arbeiten sind deutlich beeinflusst vom Kubismus. Viele ihre Werke dienten als Buchillustrationen. Parker hat mehrfach Katzen dargestellt, meist Siamesen in spielender oder beobachtender Position. An der schwarzen Katze auf dem Druck »Die Kampfansage« dagegen ist nichts lieblich. Das Tier ist angriffsbereit geduckt, Zähne gebleckt, Augen verengt, Ohren angelegt, Krallen ausgefahren. Kein Zweifel: Diese Katze wird jeden Moment attackieren. Nur der weiche Schimmer ihres Fells und der feuchte Glanz der Augen erinnern an Momente jenseits der Aggression … Parkers Kunstfertigkeit in Ausdruck und Ausführung zeigt sich in diesem bemerkenswerten Holzschnitt sehr deutlich.

1954
Andy Warhol »25 Cats Name Sam and One Blue Pussy«

Andy Warhol (1928–1987) war noch lange nicht auf dem Höhepunkt seiner Karriere angelangt, als er 1954 ein schmales, handkoloriertes Büchlein herausgab und in limitierter Auflage verschenkte: »25 Katzen name Sam und eine blaue Mieze«. Der grammatisch unkorrekte Titel geht auf ein Versehen seiner slowakischen Mutter zurück, welche die Kalligraphie des Hefts besorgt hat. Warhol hat den Fehler gelassen. Zu sehen sind 16 (und nicht 25) Katzen, zuzüglich der angekündigten blauen. Alle in der typischen Tuschtechnik, die ihn später weltberühmt machen sollte. Katzenliebhaber Warhol lebte tatsächlich mit einer stattlichen Anzahl von Katzen zusammen – und alle hießen Sam. Außer einer, die hieß Hester. Ob sie blau war, ist nicht überliefert.

1984
Beryl Cook »Felix Keeps on Walking«

Die Britin Beryl Cook (1926–2008) wurde berühmt mit Bildern im naiven Stil, auf denen in kräftigen Farben komische Alltagsszenen der englischen Gesellschaft dargestellt sind. Angefüllt mit einer Vielzahl fröhlicher, runder, nicht selten exzentrischer Menschen. Auch ihr Kater Felix, den sie mehrfach gemalt hat, steht offensichtlich gut im Futter. Das Bild »Felix geht immer weiter« ist ein ungewöhnliches Katzenporträt. Der schwarzweiße Kater (mit gelbem Halsband auf grünem Rasen), ist lediglich von hinten zu sehen, wie er dynamisch, ohne sich umzuschauen, seinen Weg geht. Obwohl sein Gesicht verborgen bleibt, kann man allein aus der Haltung auf das entschlossene Wesen des Tieres schließen.

KATZEN IN DER BILDHAUEREI

Die Katze ist ein Thier hoher Natur. Schon ihr Körperbau
deutet auf Vortrefflichkeit. Alles an ihr ist harmonisch.
Kein Thierkopf ist schöner geformt. Hierin ist sie der
schärfste Gegensatz zum Schwein, wie sie es auch in
andern Beziehungen ist.

(Peter Scheitlin)

Auch an der Bildhauerei sind Katzen nicht spurlos
vorbeigeschlichen. Im Gegenteil, es existieren unzählige Katzenplastiken berühmter und noch viel
mehr Katzenplastiken nicht ganz so berühmter
Künstler. Die besten von ihnen stehen in den Museen
dieser Welt (die nicht ganz so guten in Vorgärten
oder auf Beistelltischen) und entzücken seit Jahrhunderten die Besucher. Unter den Schöpfern sind
illustre Namen wie Pablo Picasso, Alberto Giaco-
metti, Gerhard Marcks, Émile Gallé, Antoine-Louis
Barye, Théophile-Alexandre Steinlen, Pericle Fazzini,
Rembrandt Bugatti und so weiter.

Im öffentlichen Raum sitzen, liegen, hocken,
springen, dösen Katzenstatuen meist als eher unauf-
fällige kleine Einzelplastiken herum. Typischerweise
auf Bänken, Mauersimsen, Fassadenvorsprüngen,
Treppen, Brunnenrändern, weiten Plätzen und na-

türlich in Parkanlagen – wo ihre lebenden Vorbilder sich eben so aufhalten.

Auch als Begleitmotiv sind Katzen in der Bildhauerei beliebt. Selbstverständlich klassisch als Attribut des Weiblichen oder an der Seite von Lesern. Ebenfalls auffallend ist die Darstellung einer Katze als Gefährte lokaler Originale unterschiedlichster Art.

Einige Städte haben es in Sachen Katzenskulptur gleich so gut gemeint, dass sie heute selbst zu einer Art Katzenkunst-Freiluftmuseum geworden sind. Manchmal geht das auf den Namen zurück, wie in Kuching in Malaysia, manchmal auf Legenden, wie in La Romieu in der französischen Gascogne, und manchmal weiß keiner mehr so recht, wo die ganzen bronzenen Puschelchen eigentlich herkamen, die jetzt an historischen Hauswänden hängen, über Zäune klettern oder auf den Dächern der Stadt singen wie in York, Großbritannien.

Als sinnstiftendes Element eines Denkmals oder als überlebensgroße Bronzeskulptur sind Katzen dagegen nicht ganz so verbreitet. Aber natürlich gibt es trotzdem immer noch genügend solcher Kunstwerke weltweit, um das Herz von Katzenfans höher schlagen zu lassen.

Man kann sie grob in zwei Gruppen unterteilen: Skulpturen namentlich bekannter Katzen, mithin

Denk- oder Ehrenmäler im eigentlichen Sinne, und freistehende Katzenmonumente an sich.

Hier jeweils eine kleine Auswahl.

Berühmte Katzendenkmale

»Alabrys«
(Standort: Kasan, Russland, Ulitza Baumana)

Der lässig auf einem Kissen unter einem Altan flegelnde Alabrys war ein legendärer Mäusefänger, der Mitte des 18. Jahrhunderts in Kasan lebte. Seinen exzellenten Jagdqualitäten sagt man den Umstand nach, dass Zarin Elisabeth Petrowna (Schwiegermutter Katharinas der Großen) per Dekret 1745 gut drei Dutzend der »größten und besten« Kater aus dem über 700 km entfernten Kasan nach Sankt Petersburg bringen ließ, um mit deren Hilfe endlich dem lästigen Nagerproblem im Winterpalais beizukommen.

Fast 200 Jahre lang verrichteten Kasaner Jäger in der großzügigen Palastanlage der Eremitage ihren Dienst. Die berühmten felinen Museumswärter der heutigen Eremitage sind allerdings nicht mit den Miezekatzen der Zaren verwandt. Im Ukas von Elisabeth Petrowna gab es nämlich auch einen Passus zur Populationskontrolle: Alle Palastkatzen mussten kastriert werden. Es gab also nie Nachfahren, sondern lediglich Nachschub. Das gilt bis heute.

»Behemoth«
(Standort: Charkiw, Ukraine, Olminsker Straße)

Behemoth war ein Teufelskerl im wahrsten Sinne des Wortes: In Michail Bulgakows Roman »Der Meister und Margarita« begleitet er den Allmächtigen, als dieser sich unter dem Namen Voland im Moskau der 1930er Jahre niederlässt und es, vorsichtig formuliert, ins Chaos stürzt. Entlarvt und bestraft wird nicht nur die Nomenklatura des Literaturbetriebes, sondern gleich noch eine Vielzahl unsympathischer Alltagsunholde mehr: denunzierende Nachbarn, geldgierige Mitmenschen, Kriecher, Spießer, Verleumder, Vorteilshascher und bösartige Verwandte jeder Art. Ein orgastischer Rachefeldzug ganz nach Behemoths Geschmack! Üblicherweise wird der Kater mit seinem Freund Korowjew (ebenfalls dem Voland-Gefolge angehörend) dargestellt. Im Zentrum der ostukrainischen Metropole Charkiw jedoch sitzt er, die linke Pfote in die Seite gestemmt, in der Rechten eine Zigarre, gut gelaunt neben seinem Erschaffer auf einer Bank. Beide sind in ein Gespräch vertieft. Wobei Behemoth offensichtlich das Wort führt.

»Mrs Chippy«
(Standort: Wellington, Neuseeland, Karori Cemetery)

Mrs Chippy (trotz des irreführenden Namens ein Kater) war Schiffskatze auf der »Endurance« und als solche mit dabei bei der legendären, tragisch gescheiterten Antarktis-Expedition von Ernest Shackleton 1914–1917. Mrs Chippy gehörte dem schottischen Bordzimmermann Harry »Chippy« McNeish und wurde mitsamt der Schlittenhunde erschossen, kurz nachdem die »Endurance« 1915 im Eis stecken blieb. Das hat McNeish so übelgenommen, dass er rebellierte, weshalb ihm später auf ausdrückliche Anweisung Shackletons keine Polarmedaille verliehen wurde ... Immerhin hat die New Zealand Antarctic Society 100 Jahre später, aus schlechtem Gewissen, eine Statue von Mrs Chippy in Auftrag gegeben und sie auf das Grab von Harry McNeish in Wellington setzen lassen.

»Hamish McHamish«
(Standort: St Andrews, Schottland, Logies Lane)

Hamish McHamish (1999–2014) war ein langhaariger rotgestromter Kater mit großem Freiheitsdrang, der in der kleinen, aber feinen Universitätsstadt St Andrews (Prinz William und seine Gemahlin haben dort studiert) lebte und wirkte. Obwohl er eigentlich eine Besitzerin hatte, ließ Hamish sich nicht auf einen Wohnort festlegen. Stattdessen schlief er mal hier, mal dort, schlich durch die Gassen der Altstadt, spazierte in Geschäfte, Restaurants und über den Campus der Universität. Wegen seines auffälligen Äußeren blieb sein Vagabundieren nicht unbemerkt, und so wurde der imposante Kater nach und nach zu einer Attraktion. Erst für die Einheimischen, dann für die Touristen. Sein Tod zog eine Flut von Kondolenz in den sozialen Medien nach sich. Die Skulptur, die ihn sitzend zeigt, wurde noch zu seinen Lebzeiten aufgestellt.

»Hodge«
(Standort: London, Großbritannien, Gough Square)

Hodge war der Kater des englischen Schriftstellers und Gelehrten Samuel Johnson (1703–1784). Johnson, dessen umfangreiches Werk sich auf Dichtung, Essays, Moralistik, Lexikographie, Kritik und Biographien ausdehnt, gilt als einer der bedeutendsten Köpfe der englischen Literatur. Über Kater Hodge, mit dem er Mitte des 18. Jahrhunderts in London zusammenlebte, ist vor allem bekannt, dass Johnson das Tier sehr verehrte und ihm eigenhändig Austern auf dem Markt kaufte. In seiner Zeit mit ihm veröffentlichte Johnson das »Dictionary of the English Language«, bis heute eines der einflussreichsten Wörterbücher der englischen Sprache. Auf einem Exemplar dieses Werkes sitzt denn auch der in Bronze gegossene Hodge auf einem Marmorsockel vor dem gemeinsamen Wohnhaus in London. Neben ihm zwei Austernschalen.

»Murr«
(Standort: Bamberg, Deutschland, E.-T.-A.-Hoffmann-Platz)

So ganz genau kann man nicht sagen, ob der Kater, den der Schriftsteller E. T. A. Hoffmann, halb verdeckt von der Zylinderkrempe, auf der Schulter trägt, die Hauptfigur seines berühmten satirischen Romans »Lebensansichten des Katers Murr« ist oder doch seinen realen, geliebten Kater selben Namens darstellt. Da aber davon auszugehen ist, dass die Titelzeichnung der Murr-Erstausgabe, welcher Reinhard Klesse 1982 den Bamberger Denkmalkater nachgebildet hat, aus der Hand von Hoffmann selbst stammt, zeigt das Denkmal vermutlich den echten Murr. Der übrigens war Hoffmann einst auf den Straßen Berlins zugelaufen.

»Pantelejmon«
(Standort: Kiew, Ukraine, Lysenko-Straße)

Pantelejmon, von seinen Besitzern zärtlich Pantjuscha gerufen, war ein stattlicher grauer Angorakater, der in einem Kiewer Restaurant in der Nähe des Goldenen Tors lebte, wo er sich so gut betrug, dass er Vorratsräume und Küche verlassen durfte, um zum Entzücken der Anwesenden auch im Schankraum nach dem Rechten zu sehen. Nachdem er tragischerweise 1998 bei einem Brand ums Leben kam, legten Restaurantbesitzer und Stammgäste zusammen und stifteten eine Statue. Seitdem steht Pantelejmon im Park gegenüber und bewacht von dort sein Restaurant.

Äußerst aufmerksam. Der Kater ist in Jagdpose dargestellt: das Gewicht leicht nach hinten verlagert, der Schwanz aufgeregt in Bewegung, den Kopf konzentriert zur Seite gedreht. Die Kiewer glauben, dass das Berühren der Bronzestatue beim Erfüllen von Wünschen hilft. Entsprechend goldpoliert ist Pantjuscha.

»Totti«
(Standort: Roschtschino, Russland, Polewoi Pereulok)

Als die finnlandschwedische Dichterin und Fotografin Edith Södergran 1923 in Raivola an der Karelischen Meerenge starb, gehörte der Ort zu Finnland. Nach der sowjetischen Eroberung 1940 wurden die meisten finnischen Häuser, die Kirche samt Friedhof zerstört und Raivola in Roschtschino umbenannt. Auch vom Anwesen und Grab Edith Södergrans, der bedeutendsten Lyrikerin der schwedischen Avantgarde, blieb nichts. 1960 wurde dem schwedischen Schriftstellerverband gestattet, in Roschtschino eine Stele zu ihrem Gedenken aufzustellen. Anlässlich ihres 100. Geburtstages im Jahr 1992 kam zu dieser eine Bronzeplastik von Södergrans Lieblingskatze Totti, die sie häufig fotografierte und der auch zahlreiche Gedichte gewidmet sind.

»Towser«
(Standort: Crieff, Schottland, The Hosh)

Die Jagderfolge von Towser, einer langhaarigen Schildpattkatze, waren so legendär, dass sie es damit als Weltbeste ins Guinnessbuch der Rekorde schaffte. 28 899 Mäuse in 24 Jahren. Die Beutetiere hat natürlich niemand gezählt, ihre Anzahl ergibt sich aus der Hochrechnung eines Gutachters – von den beeindruckenden 24 Lebensjahren Towsers allerdings ist jedes einzelne verbrieft. Towser wohnte auf dem Gelände der kleinen Whisky-Brennerei Glenturret in Crieff und hielt dort, wie keine andere Katze je wieder, die Mäuse in Schach, die von den Getreidespeichern angezogen werden. Nach ihrem Tod im Jahr 1987 wurde ihr auf dem Gelände der Brennerei ein bronzenes Ehrenmal gesetzt, auf dem sie mit brav um die Pfoten geringelten Schwanz dasitzt, als könne sie kein Wässerchen trüben.

»Trim«
(Standort: Sydney, Australien, Macquarie Street)

Der schwimmbegabte Kater Trim war, trotz seines kurzen Lebens von nur 4 Jahren, ohne Zweifel eine der am weitesten gereisten Katzen der Geschichte – und der erste, vielleicht einzige seiner Art, der je Australien umsegelte (1801–03). Er gehörte dem englischen Forschungsreisenden Matthew Flinders, welcher sich insbesondere um die Kartographierung Australiens verdient machte und es als Kontinent definierte. An seiner Seite stets der geliebte Trim. Wie im Leben, so im Gedenken. Kaum eine Flinders-Statue weltweit kommt ohne Trim aus. Auch vor der State Library of New South Wales in Sydney ist Matthew Flinders, der den frühen, mysteriösen Tod Trims nie recht verwand, in Begleitung seines treuen Katers. Allerdings hat Trim dort sein eigenes kleines Denkmal. Mit dynamisch erhobenem Vorderlauf, bereit für neue Abenteuer.

»Berühmte Katzenskulpturen«

»El Gato del Río und seine Novias«
(Standort: Cali, Kolumbien, Avenida 4N)

Die erste Katze in Cali, ein stattliches Männchen von 3 Tonnen Gewicht und knapp vier Metern Schulterhöhe, war ein Geschenk des Künstlers Hernando Tejada. Weil die Caleños ein Herz für Tiere haben, bekam der Riesenkater nach 10 Jahren Einsamkeit Gesellschaft. 2006 wurden 15 weitere Katzenstatuen, formgleich, aber von Künstlern unterschiedlich bemalt, im Park am Fluss aufgestellt. Dieses Mal alles Damen, genannt »die Bräute des Katers«.

»Der Kater von Raval«
(Standort: Barcelona, Spanien, Rambla del Raval)

Ganz ohne jede Begleitung dagegen ist die berühmteste und vielleicht ausdrucksstärkste aller Katzenplastiken von Fernando Botero. Der gutgenährte gigantische Bronzekater mit dem neckischem Halsglöckchen (welches nur unwesentlich größer ist als die beeindruckenden anderen beiden Glocken, die er mit sich herumträgt) steht seit 1987 in der katalanischen Hauptstadt und hat seitdem mehrfach den Standort gewechselt. Jetzt hat er sein endgültiges Zuhause in der Fußgängerzone des Raval-Viertels gefunden.

»Katze und Maus«
(Standort: Songkhla, Thailand, Samila Beach)

Noch ein bronzener Katzenkoloss. Gut zwei Meter hoch, aber wesentlich schlanker als das Barcelonische Dickerchen. Was nicht verwundert, folgt sie doch in der Darstellung dem einheimischen Katzentyp, von welchem die zartgliedrigen Siamesen abstammen. Auf der Schwanzspitze der Statue sitzt eine Maus, denn dem Ganzen liegt die Legende zugrunde, die nahen Inseln Koh Maeo (Katzeninsel) und Koh Nu (Mäuseinsel) seien aus den sterblichen Überresten einer ertrunkenen Katze und Maus entstanden. Beide stehen nun friedlich vereint am weißen Märchenstrand von Samila.

»Le chat de Ricardo«
(Standort: Paris, Frankreich, Boulevard Edgar Quinet)

Die Pariser Friedhöfe sind voller Kunst, doch nur auf dem Cimetière du Montparnasse steht eine 1,50 m hohe Mosaikkatze von Niki de Saint Phalle. Die Figur ist mit ihrer kunterbunten Erscheinung und der typischen, ausladenden Form auf den ersten Blick als Werk der Schöpferin der berühmten Nanas zu erkennen. Der jung verstorbene Ricardo Menon, auf dessen Grab sie thront, war der Assistent und ein enger Freund von Niki de Saint Phalle.

»Nuestra Señora de los Gatos«
(Standort: Cuautitlán Izcalli, Mexiko, Avenida Dr Jorge Jiménez Cantú)

Von all den wunderbaren Bronzeskulpturen aus dem Nachlass der mexikanischen Bildhauerin Charlotte Yazbek, die im Parque de las Esculturas in Cuautitlán Izcalli zu sehen sind, ist *Nuestra Señora de los Gatos* (wörtlich: Unsere Liebe Frau der Katzen) eine der bemerkenswertesten. Die katzengleiche sitzende weibliche Person mit den drei spielenden Katzen stellt eine sehr eigenwillige Interpretation der mexikanischen Schutzheiligen der ausgesetzten und heimatlosen Katzen dar. Sie kann durchaus als eines der schönsten Gleichnisse der Verbindung von Frau und Katze gelten.

»Tama-chan«
(Standort: Tokio, Japan, Nishishinjuku)

Zwischen Wolkenkratzern und Busterminal, direkt vor dem Sumitomo-Hochhaus, befindet sich eine äußerst interessante Katzenstatue des berühmten Bildhauers Masayuki Nagare, der eigentlich für abstrakte Kunstwerke bekannt ist. Die traditionell japanisch aufrecht sitzende Katze hält eine schwarze Kugel in den Pfoten, welche symbolisch für die Seele des von ihr während einer Schlacht geretteten Ota

Dokan steht. Der Samurai und Dichter Ota Dokan war der Erbauer der Burg Edo (um 1457) und gilt deshalb als der Gründer Tokios. Glaubt man der Sage, wäre aus alldem ohne Katze nichts geworden …

»Monumento del gatto con l'ombrello«
(Standort: Brovello Carpugnino, Italien, Piazza Principale)

Die eher zierliche Bronzeplastik vor der Kirche San Donato wartet mit einem interessanten, für Katzen untypischen Accessoire auf: einem Regenschirm. In dessen Schatten sitzt sie auf ihrem Sockel, den Schirmgriff fest in der Pfote, und trotzt gut gelaunt der harten Witterung Italiens.

Die Gegend um das piemontesische Carpugnino war über viele Generationen hinweg berühmt als Zentrum der Schirmherstellung. An diese Tradition soll die Statue erinnern. Warum dann eine Katze? Weil die Einwohner Carpugninos sich im lokalen Dialekt *i gàt* nennen, was in italienischen Ohren wie *i gatti* (Katzen) klingt …

»Denkmal für die Versuchskatze«
(Standort: St. Petersburg, Russland, Filologitscheski Pereulok)

Eines der wenigen Mahnmale unter den Katzenskulpturen im weltweiten öffentlichen Raum: die 2002 aufgestellte Plastik zur Erinnerung an alle Versuchskatzen, die in Forschungslaboren ihr Leben lassen mussten. Sie zeigt eine entspannt sitzende Katze aus schwarzem Gabbro auf einer 2 Meter hohen Stele aus hellem Granit. Sie befindet sich auf dem Gelände der Staatlichen Universität von St. Petersburg und fordert mit einer Inschrift die ewige Dankbarkeit der Menschheit für die Verdienste der Katze in der Wissenschaft.

»Katzenbalgen«
(Standort: Braunschweig, Deutschland, Kattentreppeln Ecke Hutfiltern)

Im englischsprachigen Internet kursieren Bilder dieser großartigen Skulptur von Siegfried Neuenhausen unter dem zwar gänzlich falschen, aber herrlich idealistischen Titel: Denkmal der obdachlosen Katzen. Tatsächlich wurde *Katzenbalgen* 1981 ohne jede diesbezügliche Botschaft aufgestellt. Vielmehr bezieht sich das Werk auf den alten (etymologisch nicht eindeutig zu klärenden) Namen der Braunschweiger

Fußgängerzone, in der es sich befindet. Zu sehen ist ein fröhlicher Haufen ineinander verschlungener, wild spielender, balgender Bronzekatzen auf, an und in einem Sockel aus Kalksteinziegeln …

»Kucinta«
(Standort: Singapur, Singapur, Cavenagh Bridge)

Am Fuß der ältesten Brücke Singapurs steht das einzige überlebende Bronzekatzen-Ensemble der ehemals 15 Singapore River Cats, die 1990 entlang des Sungai Singapura aufgestellt wurden. Alle anderen fielen Vandalismus oder Diebstahl zum Opfer. Kucinta zeigt eine aufmerksam sitzende Mutterkatze mit zwei spielenden Jungen. Diese Kleinfamilie ist eine der zierlichsten Statuen dieser Reihe, was sich daraus ergibt, dass die dargestellten Tiere der seltenen Zucht Singapura angehören, der kleinsten Katzenrasse der Welt. Cuteness overload!

 Jokerwissen

Eher selten sieht man Katzen in Bronze gegossen in Gesellschaft bis an die Zähne bewaffneter Soldaten. Eine Ausnahme hier bildet das Belogorsker Denkmal Вежливым людям (Den freundlichen Menschen).

Gemeint sind damit die vermummten Kämpfer ohne Hoheitszeichen, die 2014 der russischsprachigen Krimbevölkerung selbstlos den Weg zurück ins Russische Großreich ebneten. Erst nach erfolgreicher Operation gab Putin zu, was jeder wusste, nämlich dass die hochherzigen militärischen Helfer selbstverständlich Angehörige der russischen Armee waren.

Das Denkmal, das nun im Fernen Osten Russlands, unweit der chinesischen Grenze, daran erinnert, ist einem bekannten Foto nachgebildet, auf dem ein maskierter Soldat einem Jungen ein rotes Kätzchen reicht. Eines der vielen Probleme dieser Statue ist, dass man sich bei der Umsetzung nur für Mann und Katze, nicht aber für das dazugehörige, das Tier in Empfang nehmende Kind entschieden hat ... Was dazu führt, dass jetzt im Zentrum von Belogorsk (Oblast Amur) ein mannshohes Bronzedenkmal steht, auf dem ein Soldat in voller Montur dabei ist, eine Katze, na, sagen wir mal, davon abzuhalten, ihn anzupinkeln. Oder sie im nächsten Mülleimer zu entsorgen. Oder sie einem Kürschner in die Hand zu drücken, damit er daraus einen hübsche Mütze für die Gemahlin macht. Oder die Katze einfach nur grundlos in der Luft herumzuschütteln. Man weiß es nicht.

So kann's kommen.

KATZENMUSIK

Zweierlei eignet sich als Zuflucht vor den Widrigkeiten
des Lebens: Musik und Katzen.

(Albert Schweitzer)

Komponisten waren (ebenso wie Dichter) jahrhundertelang auf die Katze als Schützerin ihrer kostbaren, für Mäusezähnchen allzu anfälligen Werke auf
Papier angewiesen. Und so haben sich die Samtpfoten gleichsam unausweichlich zwischen die Noten-
schlüssel geschlichen und es sich auf zahlreichen
Tonleitern musikalisch bequem gemacht. Die Musikgeschichte ist voll davon. Mittlerweile gibt es sogar
Komponisten, die sich bemühen, Musik speziell für
Katzen zu komponieren.

Wer glaubt, mit *Cats* (1981) sei alles zum Thema
Katze und Musik gesagt, der täuscht sich gewaltig. Es
gibt wesentlich mehr musikalische Katzen, als Andrew Lloyd Webber und Grizabella sich je würden
träumen lassen …

Klassik, Katz et cetera

Mal absichtlich misstönend im Sinne echter Katzenmusik, mal von virtuoser Eleganz, mal einfach nur
Inspiration: Katzen in der klassischen Musik.

1627
»Capriccio stravagante« – Carlo Farina

In diesem frühbarocken Instrumentalstück lässt
Farina die Geigen spektakulär lebensecht miauen. Er
hat der Nachwelt auch eine dezidierte Anweisung
hinterlassen, wie man das anstellt: »… das Katzenge-
schrey […] wird folgender gestalt gemacht, daß man
mit einem Finger manchen Ton, da die Noten stehet,
mehlichen unterwartz zu sich zeuhet, da die oberen
Semifusen geschrieben seyn, muß man mit dem
Bogen bald vor, bald hinter dem Stegk auffs ärgste
und geschwindeste als man kann faren, auff die weise
wie die Katzen letztlichen, nachdem sie gebissen und
jetzdo außreissen zu thun pflegen.«

Aha.

1669
»Die Katz« – Heinrich Ignaz Franz Biber

Auch in der *Sonata violino solo representativa* des
böhmischen Komponisten und Geigenvirtuosen

Heinrich Ignaz Franz Biber wird nicht gesungen und trotzdem ordentlich miaut. Wieder die Geige. Sie eignet sich einfach am besten, um die herzzerreißenden Töne einer (in ihrer Eigenwahrnehmung) zu kurz gekommenen Katze nachzuahmen (also immer).

1734
»Die Katze lässt das Mausen nicht« – Johann Sebastian Bach

Streng genommen gehört dieses Musikstück trotz Katze im Titel nicht zu den Katzenkompositionen, denn die Katze im Schlussterzett der *Kaffeekantate* ist nur eine sprichwörtliche und hat nichts mit echten Mäusefängern zu tun. Aber natürlich bleibt sie! Denn mal ehrlich: Eine musikalische Auflistung ohne Bach ist wie ein Katzenhaus ohne Pappkartons.

1739
»Katzenfuge« – Domenico Scarlatti

Eigentlich heißt diese Sonate *Fuge in g-Moll. Katzenfuge* wurde sie erstmals im 19. Jahrhundert genannt, denn in Kennerkreisen kursierte die Sage, Scarlatti sei dazu von seiner auf dem Cembalo herumspazierenden Katze Pulcinella inspiriert worden. Und tatsächlich braucht es nicht viel Phantasie, um in diesem unkonventionellen Musikstück deutlich die Pfotenabdrücke einer Katze zu hören, die behände auf und ab läuft.

Eine ganz ähnliche Geschichte sagt man übrigens auch Frédéric Chopin und seinem *Walzer in F-Dur Opus 34*, genannt *Katzenwalzer*, aus dem Jahr 1838 nach. Auch hier kann das geneigte Ohr ein munter spielendes Kätzchen durchhören. Durchaus möglich, Chopin und seine damalige Lebensgefährtin George Sand hielten Katzen. Jeder seine. Die beiden Tiere schätzten einander gar nicht. Ganz im Gegensatz zu ihren Besitzern.

1890

»Tanz der weißen Katze und des gestiefelten Katers« – Peter Tschaikowski

Im dritten Akt des berühmten Balletts *Dornröschen* wird die Hochzeit der erwachten Prinzessin mit dem Prinzen gefeiert. Zum Fest eingeladen sind allerlei illustre Märchenfiguren. Auch der Gestiefelte Kater tanzt dort mit einer geheimnisvollen weißen Katze einen *Pas de Caractère,* wie Tschaikowski es nannte. Eher schleichend, aber gerade deshalb durchaus kätzisch.

1915
»Katzenwiegenlieder« – Igor Strawinsky

Кошачьи колыбельные, auch bekannt unter dem französischen Namen *Berceuses du chat* ist eine viersätzige Suite für Kontraalt (einer sehr tiefen Frauenstimme) und drei Klarinetten. Als Text dienten Strawinsky russische Volkslieder aus der Sammlung von Pjotr Kirejewski. Öffentlich aufgeführt wird dieses minimalistische, aber nicht ganz einfache Frühwerk Strawinskys selten. Vermutlich zu viel Aufwand für knapp 5 Minuten Spielzeit.

1936
»Peter und der Wolf« – Sergej Prokofjew

Die berühmteste klassische Komposition für Kinder. Peter und sein Großvater leben im Wald. Dort trifft der Junge auf verschiedene Tiere und nimmt es schließlich tapfer mit dem Wolf auf. Die Katze wird eher bedrohlich als Vogelfängerin charakterisiert. Ihr Instrument ist auch hier wieder die Klarinette.

1943
»For I will consider my Cat Jeoffry« – Benjamin Britten

Die Kantate *Rejoice in the Lamb* von Benjamin Britten enthält selbstverständlich auch eine musikalische Adaption des berühmtesten Teils des Gedichts Jubilate Agno des englischen Poeten Christopher Smart aus dem Jahre 1762: *My Cat Jeoffry*. Übrigens einer der raren überlieferten Texte, in denen die Gottesfurcht einer Katze gepriesen wird.

1983
»Die englische Katze« – Hans Werner Henze

Ebenfalls eine Literaturvertonung. Nur stehen bei Henze, anders als in der dieser Oper zugrundeliegenden Katzenmoritat von Balzac, knapp 150 Jahre später ausschließlich Katzen auf der Bühne. Und sie tun, auch hier im Unterschied zu Balzac, sehr menschliche Dinge. Sie kaufen sich Bräute, sie sind Politiker oder Staatsanwalt, sie intrigieren, betrügen und ertränken sich gegenseitig in Säcken im Fluss. Da hätt's eigentlich gar keine Katzen gebraucht.

2009
»CATcerto« – Mindaugas Piečaitis

Etwas ganz Besonderes mit Katze ist das für ein Kammerorchester komponierte Konzert des Litauers Mindaugas Piečaitis. Als Solistin am Klavier (dem zarten Nervenkostüm der Künstlerin geschuldet, stets nur per Video zugeschaltet) – Katze Nora, welche schon verschiedentlich durch erstaunlich melodiöse Pfotenhiebe auf dem Klavier ihrer Besitzer aufgefallen ist. Damit steht das *CATcerto* selbstverständlich im Guinnessbuch der Rekorde.

Moderne Hits mit Katze

Es gibt buchstäblich unzählige Lieder in den Weiten der modernen Musik, die Katzen im Titel tragen. Selbstverständlich handeln die wenigsten von Vierbeinern. Meistens tauchen selbige im Liedtext gar nicht erst auf oder halten nur als Spitznamen für scharfe Miezen und coole Kater jeder Art her. Wenn sie dennoch selbst durch den Text schleichen, tun sie es nicht selten symbolisch. Das reicht vom (naheliegenden) erotischen Kontext wie in *Love cats* von The Cure (1983) oder *Le chat* von Claude Nougaro (1980) bis zur politischen Metapher wie in *This black cat has nine lives* von Louis Armstrong (1970).

Hier ein bunter Strauß echter kätzischer Hitparaden-
stürmer.

1949
»Reissumies ja kissa« – Tapio Rautavaara

Der Finne Tapio Rautavaara war ein echtes Multi-
talent. Olympischer Speerwerfer (Goldmedaille 1948),
Sänger, Schauspieler. Alles gleichzeitig. Seine Lieder
sind heute fester Bestandteil des finnischen Kultur-
guts. Der größte Hit Rautavaaras hieß *Der Reisende
und die Katze* und handelte von der Begegnung eines
nächtens auf halber Strecke gestrandeten Mannes
mit einer Katze.

1962
»Alley Cat« – Bent Fabric

Die Straßenkatze aus der Feder des dänischen Jazz-
pianisten Bent Fabric ist ein reines Instrumentalstück. Aber es braucht auch keine Worte, um den ge-
mütlich-schwingenden Schritt eines flanierenden
Katers deutlich aus der Melodie herauszuhören.
Alley Cat ist eines der international erfolgreichsten
dänischen Musikstücke überhaupt, verkaufte sich
millionenfach weltweit, wurde mit einem Grammy
geehrt, vielfach gecovert und betextet. Aber das Original bleibt unerreicht.

1963
»Чёрный кот« – Tamara Miansarowa

Mit *Schwarzer Kater* brachte Tamara Miansarowa als eine der Ersten einen sowjetischen Twist in russischer Sprache auf die Bühne. Damit war sie sowohl in der damaligen UdSSR als auch im benachbarten Polen äußerst erfolgreich. Das Lied nimmt sich mitfühlend dem Schicksal der als Unglücksbringer verschrienen schwarzen Katzen an.

1968
»Phenomenal Cat« – The Kinks

Ungewöhnlich in vielerlei Hinsicht ist dieser deutlich ins Psychodelische kippende Titel der Kinks, einer der maßgeblichsten britischen Bands der 1960er Jahre, die für ihre gelegentlich leicht irren Songs bekannt waren. Die *Phänomenale Katze* bildet da keine Ausnahme. Es geht um eine Miez, die fett und zufrieden auf einem Baum sitzt und daran auch nichts ändern möchte. Verständlich. Fumfum diddle-um di, Fumfum diddle-um di, Fumfum diddle-um di…

1981
»Stray Cat Strut« – Stray Cats

In dieser legendären New-Wave-Rockabilly-Nummer geht es um einen obercoolen, selbstgefälligen Straßenkater. Er stolziert herum und macht auf dicke Hose. Das Gitarrensolo von Brian Setzer in *Prahlerei eines Streuners* gilt als eines der besten der Musikgeschichte und ist oft kopiert worden.

1982
»Le Chat« – Téléphone

Eine der erfolgreichsten französischen Rockgruppen aller Zeiten hieß Téléphone und bewies in ihrem 1982 aufgenommenen Song *Die Katze* nicht nur sehr anschaulich, dass klassischer Gitarren-Rock und Katzen sehr gut zueinanderpassen, sondern vor allem, dass man mit einer E-Gitarre ganz hervorragend Katzenlaute imitieren kann …

1993
»Katzeklo« – Helge Schneider

Es gibt wenige Lieder, die jeder Deutsche singen kann, egal, wo man hingeht. Die völlig schräge Jazz-Nummer des großen Helge Schneider, die von den Freuden der Katze und ihrem Besitzer am Katzenklo erzählt, gehört dazu. Es gibt sogar eine Longversion mit dem schönen Namen *Katzeklo Spectaculaire!*

1998
»Belzébuth« – Les Colocs

Im Namen des hier besungenen Katers steckt unüberhörbar der *Beelzebub*. Nomen est omen. Das puschlige Teufelchen erzählt (mit 10 Minuten Länge in durchaus epischer Breite) aus seinem lustigen Leben. Eine ungewöhnliche Mischung aus Klezmer und Hip Hop von einer der bedeutendsten Bands aus Québec, selbstverständlich in breitem kanadischen Französisch. Maudit qu'ça l'air de fun dehors …

2000
»Jean-Philibert« – Maurane

Auch in diesem Chanson aus dem Jahr 2000 wird der Alltag eines Katers beschrieben: kuscheln, flirten, pirschen. Diesmal allerdings aus zärtlich-verliebter Sicht seiner Besitzerin. Maurane ist eine der erfolgreichsten Sängerinnen Belgiens. Ihrem Kater mit dem klangvollen Namen Jean-Philibert ist das völlig egal.

2003
»Gattomatto« – Roberto Angelini

Roberto Angelini leidet noch heute unter dem Erfolg dieses Pseudo-Ghetto-Popsongs, der eher ironisch gedacht war, sich aber völlig unerwartet zu dem Sommerhit des Jahres 2003 in Italien entwickelte. Seitdem kämpft Angelini darum, als Künstler ernst genommen zu werden. *Der verrückte Kater* handelt von einem umtriebigen Vierbeiner, Chef der ganzen Stadt, der macht, was er will – bis ihm eines Abends ein Hund auf die Pelle rückt …

 Jokerwissen

Kinderlieder mit Katzen gibt es in allen Sprachen der Welt. Aber keines ist so lebensnah, gewitzt und lässig jazzy wie *Unsere Katze Mary Lu* von Reinhard Lakomy. Sieben schöne Kater werden bei ihr vorstellig und preisen in bunten Farben, was sie ihr zu bieten haben. Von täglichen Küssen bis Sofakissen ist da einiges drin. Doch Mary Lu bleibt unbeeindruckt und erhört stattdessen den achten Kater, »mit ohne viel Gewese«. Das ewige Geheimnis der Liebe.

Miau, Meow, Miaou –
Lieder, in denen miaut wird

In der Musikgeschichte wurde nicht nur seit Jahrhunderten *über* Katzen gesungen – es wurde auch gern *wie* Katzen gesungen. In den höchsten und schrillsten Tönen. Hier eine Auswahl an Klassikern des gepflegten menschlichen Miaaauuu.

1608
Adriano Banchieri –
»Contrappunto bestiale alla mente«

Eine der frühsten kompositorischen Auftritte von Katzen findet sich im frühbarocken Chorstück *Il Festino nella sera del Giovedì Grasso avanti cena*. Kurz, aber eindrucksvoll bellen, rufen, heulen und miauen ein Hund, eine Eule, ein Kuckuck und eine Katze durcheinander, immer um einen Kontrapunkt herum … Fallalala.

1825
Gioachino Rossini – »Duetto buffo di due gatti«

Heute wird bezweifelt, dass dieses Kleinod kätzischen Singens tatsächlich von Rossini stammt, trotzdem wurde *das heitere Katzenduett* unter dem Namen des Meisters berühmt. Typischerweise erklingt es als Zugabe bei Konzerten. Das Libretto besteht lediglich aus einem sich stets wiederholenden Miau. Meistens jaulen es zwei Soprane. Geht aber in allen Stimmlagen und Kombinationen.

1924
Maurice Ravel – »Duo miaulé«

Auch in Ravels *Liebesduett zweier Katzen* aus der Oper »Das Kind und der Zauberspuk« wird ausschließlich in Katzensprache gesungen. Allerdings belässt es das Libretto nicht bei einem banalen Miau. Natürlich nicht, stammt es doch von einer wahren Kennerin kätzischer Laute: Colette. Und so maunzen, miiaaen, mrrhen, mjaujuen, maaa'uun, mihijoon und moâauen sich Bariton und Mezzosopran durch das Lied. Und ein bisschen gefaucht wird auch. Chhhhh.

1949
Perry Como and the Fontane Sisters – »N'yow! N'yot N'yow!« (The Pussy Cat Song)

Dieser beschwingte US-amerikanische Tanztitel ist vielleicht der gelungenste, auf jeden Fall der charmanteste Versuch, Katzenlaute und menschliche Sprache zusammenzubringen. Nie wieder wurde so hingebungsvoll auf einer Schallplatte geschnurrt, miaut und geprrrht … Einfach umwerfend. Selbst wenn die Bemühungen des entschlossenen Katers, die Katze seines Herzens aus dem Haus und aufs Dach zu locken, an diesem Abend scheitern.

1959
Yves Montand – »Le chat de la voisine«

Auch, wenn er es in dem gutgelaunten Lied über die verwöhnte *Katze der Nachbarin* nur im Kehrreim tut, man muss den großen Yves Montand einfach »Miaaòu« und »Ronron« (schnurrschnurr) singen gehört haben. Keiner kann wie er Hingabe und Ironie in ein einziges Wort legen. Vive le chat!

1965
Georgette Plana – »Le tango du chat«

Georgette Plana (1917–2013) ist der Methusalem des französischen Chansons. In den 1960er Jahren hat sie verschiedene, der Tanzmode der Zeit entsprechende Tangos eingesungen. Einer davon erzählt aus dem Leben eines rastlosen Katers und seinen Begegnungen. Dabei lässt sie eine erstaunliche Bandbreite an Miaous hören, von umgarnend bis streitsüchtig.

1991
Queen – »Delilah«

Auf dem letzten Album, das Queen mit Freddie Mercury aufgenommen hat, befindet sich eine hinreißende Liebeserklärung an Mercurys Katze Delilah. Im Text so schöne Zeilen wie: *Wenn du auf meinen Chippendale-Anzug pinkelst, kann ich schon mal etwas böse werden.* Dazwischen immer wieder Meeow, Meeow. An diesen Stellen miaut dann jedes Mal die gesamte Band. Absolut großartig.

1995
Presidents of the United States of America – »Kitty«

Eine ausgewachsene Maunzerei ist auch dieses Lied im Stil klassischer Grunge-Rock-Titel. Trotz der Energie des Songs durchsetzt von durchaus vielen Schnurranteilen. Ein Kater will nachts zurück ins Haus und gestreichelt werden, kratzt dann aber den müden Hausherren … Drama! Sollte in keiner gut sortierten Katzenmusiksammlung fehlen.

2004
Nada Surf – »The Meow Meow Lullaby«

Das Lied der hippen Indie-Rockband aus New York City mit seinem anhaltenden Miauen aller Bandmitglieder dürfte zu den einschläferndsten Katzensongs in der Musikgeschichte zählen. Was wiederum kein Wunder ist, schließlich handelt es sich um ein Wiegenlied. Wenn man es oft genug hört, entwickelt es echtes Suchtpotential.

2010
Jekaterina Michailowna Boldyrewa – »Мяу-бай«

Ein getragenes, poetisches Lied, ohne Schnörkel zur Gitarre gesungen, in der langen Tradition russischer Chansons. Es geht um den kleinen Sohn, der einschlafen soll, Katzen, den Mond und das Leben. Nicht viele Мяу-Мяуs, aber dafür wirklich schöne.

🐈 **Jokerwissen**

Auf ihrem Debutalbum *Bohème* (2004) singt Annette Louisian den wundervollen Titel *Die Katze*. Streng genommen kommen darin nur zwei kurze Miaus vor, aber insbesondere der letzte Maunzer, ganz am Ende auf dem Schlussakkord, kann sich hören lassen. Außerdem ist der ganze Song so wahnsinnig schön kätzisch, dass man sich sehr wünscht, es würde darin tatsächlich um eine Katze gehen …

Musiker, die sich nach Katzen benannt haben

Warum nur über Katzen singen, warum sich nicht gleich selbst nach Katzen benennen?

Doch Vorsicht, nicht jeder Künstlername mit Katze hat zwangsläufig etwas mit Stubentigern zu tun. Der chilenische Liedermacher Eduardo Gatti oder der US-amerikanische Jazzpianist Dick Katz zum Beispiel haben sich das nicht ausgesucht. Sie hießen schon vorher so.

Auch die Folkrockmusikerin Charlyn Marshall alias Cat Power dachte bei der Namenswahl nicht an Vierbeiner, sie benannte sich eher zufällig nach dem Aufdruck eines T-Shirts, auf dem Cat Diesel Power stand.

Die meisten Musiker mit Katze im Namen aber haben sich ganz bewusst für eine Karriere unter feliner Flagge entschieden. Hier eine kleine, internationale Auswahl.

The Bob Cats

Das 1934 gegründete legendäre New Orleans Dixieland-Oktett um Bandleader Bob Crosby (jüngerer Bruder Bing Crosbys) gilt bis heute als Meilenstein des Jazz. Der Name Bob Cats spielt mit dem damals verbreiteten Spitznamen cats für Jazzfans und der Bezeichnung bobcat für den amerikanischen Rotluchs.

Eartha Kitt

Die große, unerreichte und einzig wahrhafte Katze des Jazz! Ihr Künstlername Kitt leitet sich selbstverständlich von Kitty, Miezekatze, ab. Nicht umsonst hat sich Eartha Kitt gern auf der Bühne als unartiges Kätzchen inszeniert, mit allem Drum und Dran: Schnurren, Fauchen, Krallen zeigen. Außerdem hat sie in der US-Fernsehserie Batman lange Zeit tatsächlich die Rolle der Catwoman gespielt. Und als wär das alles nicht genug, hat sie ihre (letzte) Autobiographie auch noch ordnungsgemäß »Confessions of a Sex Kitten« genannt, die Bekenntnisse einer Sexmieze. Wir verneigen uns. Rrrhhhh.

Les Chats Sauvages

Die wilden Katzen, deren Name selbsterklärend ist, kreischten kurz, aber laut. Sie gehören zu den Pionieren des klassischen Rock 'n' Rolls in Frankreich. Nicht nur haben sie den Franzosen 1961 erstmals heimische Rockmusik präsentiert, nein, sie sangen selbstverständlich auch in französischer Sprache. Laissez-nous twister!

Los Gatos

Ebenfalls zu den Rock-Urgesteinen ihres Landes gehört die argentinische Formation *Die Kater*, welche 1967 als eine Art spanischsprachiger Beatles die Hitparaden Südamerikas eroberten. Zuvor waren sie als Los Gatos Salvajes (vermutlich eine Anspielung auf das englische Wort copycat, das *Nachahmer* bedeutet) als Coverband aufgetreten.

Cat Stevens

Kater Stefan ist der absolute Hochadel unter den Musikern mit Katzennamen. Der Brite Steve Georgiou entschied sich für diesen Künstlernamen, unter welchem er Ende der 1960er Jahre Weltruhm erlangte, weil ihm ein Mädchen erklärte, er habe Katzenaugen. Heute nennt sich Cat Stevens bekanntlich Yusuf Islam.

Stray Cats

Die Streunenden Katzen aus den USA waren maßgeblich für das Rockabilly-Revival der 1980er Jahre verantwortlich. Das Trio um Sänger Brian Setzer kombinierte den klassischen Südstaatensound der 1950er mit New Wave und Punk. Eine unschlagbare Kombination. Petticoats für die Mädchen, Tolle und Kajalstift für die Jungs.

Atomic Kitten

Die atomaren Kätzchen tapsen seit 1998, mal sehr, mal weniger erfolgreich durch die Musiklandschaft. Wie die meisten Zuckerpop-Girl-Bands dieser Zeit hüpften sie, etwas wacklig, aber gut frisiert über die Bühne und sangen dazu mit dünnen Stimmchen. Das erklärt vermutlich die namentliche Nähe der Britinnen zu verstrahlten Katzenkindern.

Pussycat Dolls

Katzen ganz anderen Kalibers tanzten dagegen bei den kalifornischen *Muschikatz-Puppen*. Die Verruchtheit des Namens täuscht, mit der schmuddeligen Atmosphäre halbseidener Stripläden hatten diese Miezen lediglich die Kostüme gemein. Ursprünglich als Tanzformation gegründet, fungierten sie ab Mitte der 2000er auch als Sängerinnen.

The Cat Empire

Die Wurzeln der australischen Ska-Jazz-Rock-Band mit dem schönen Namen *Das Katzenimperium* gehen zurück auf die Melbourner Gruppe Jazz Cat. Wobei der noble Name der Band, ebenso wie das Logo (bestehend aus Katzenauge und Krone), von einer Zeichnung inspiriert wurden.

Katzenjammer

Eine experimentierfreudige Frauenband aus dem Hohen Norden Europas, deren Name sich ironisch auf das deutsche Lehnwort Katzenjammer bezieht, das im Norwegischen (genau wie auf Englisch) beschreibt, was wir selbst Katzenmusik nennen. Mit solcher hat der fröhlich-vielseitige Sound von Katzenjammer aber wirklich nichts zu tun. Markenzeichen der wilden Norwegerinnen: die riesige Bassbalalaika mit Katzenbemalung.

KATZEN IM FILM

> Wenn ich einer Katze zuschaue, wie die Katze nichts
> macht, bin ich praktisch fast mit der Katze auf einer Stufe.
>
> *(Gerhard Polt)*

Zuerst zwei bittere Wahrheiten.

Erstens: Nicht jeder Film, in dem eine Katze mit-
spielt, ist auch ein guter Film. Immerhin: Das liegt zu
exakt 100 Prozent niemals an den Darstellern, jedenfalls nicht den tierischen.

Zweitens: Katzen werden in Filmen häufig nur als
MacGuffin zum Antreiben der Handlung benutzt
oder laufen als mehr oder weniger austauschbare
Accessoires durchs Bild.

Was vermutlich daran liegt, dass Katzen schlechter
abzurichten sind als Hunde. Mitunter treibt dieser
Umstand durchaus seltsame Blüten. In der langer-
warteten Verfilmung von »Garfield« (Regie: Peter
Hewitt, USA 2004) zum Beispiel werden alle Tiere
und Menschen von echten Tieren und Menschen
gespielt – außer Garfield selbst. Der ist computer-
animiert. Dafür gibt es nur eine logische Erklärung:
Wahrscheinlich war nirgendwo eine dressierte Film-
katze mit derartigem Übergewicht aufzutreiben.

Catocalypse now – Filme mit Katzen[*]

Dem Klischee entsprechend tauchen Katzen im Film immer zuverlässig dort auf, wo es gilt, Hexen, Verrückte oder alleinstehende Frauen zu porträtieren. Und auch Filme mit Haustieren kommen selten ohne Katzen aus. Zur eigentlichen Handlung tragen sie in den meisten Fällen aber so gut wie nichts bei.

Hier eine Auswahl an Filmen, die es besser gemacht und die auftretenden Katzen dramaturgisch sinnvoll und logisch in die Handlung eingebaut haben.

»Frühstück bei Tiffany« (USA 1961)
(Originaltitel: *Breakfast at Tiffany's*, Blake Edwards)

Immerhin kann Holly Golightly es auf der Leinwand nicht übers Herz bringen, den namenlosen roten Kater auszusetzen, und sammelt ihn im Regen wieder auf. Sie selbst wird ihrerseits ebenfalls pitschnass aufgesammelt. Auch sonst hält sich der Film keine Sekunde mit der hintergründigen Symbolik des Buches von Truman Capote auf. Aber dank der zau-

[*] Katzen aus Literaturverfilmungen oder Comicadaptationen, denen ebenso berühmte Originale zugrunde liegen, werden dort besprochen. Zu Krummbein, Garfield, Findus & Co. also bitte in die Literaturabteilung blättern.

berhaften Audrey Hepburn ist er trotzdem zu Recht unsterblich geworden. Ihr, ihrer Zigarettenspitze und *Moon River* verzeiht man nun wirklich alles. Audrey Hepburn war übrigens nicht der einzige Star am Set. Der Kater wurde vom seinerzeit schwerbeschäftigten und mehrfach preisgekrönten Filmkater Orangey gespielt.

»Aristocats« (USA 1970)
(Originaltitel: *The Aristocats*, Regie: Wolfgang Reithermann, Zeichentrick)

Der fröhlichste Katzenfilm aller Zeiten stammt natürlich aus dem Hause Disney und spielt in einem Phantasie-Paris der frühen Automobilzeit. Katzendame Duchesse und ihren Jungen wird nach dem Leben getrachtet, aber da hat Butler Ed die Rechnung ohne kätzische Solidarität gemacht. Plus Maus und Pferd. Obwohl die Geschichte ein paar handfeste Logikfehler hat: Nichts schlägt Thomas O'Malley und seine Swing-Band aus Pariser Straßenkatzen! Everybody wants to be a cat …

Fairerweise muss man sagen, dass die Welt auch die unsympathischsten Katzen der Filmgeschichte Walt Disney zu verdanken hat: das verschlagene Siam-Pärchen von Tante Clara, mit den originellen Namen Si und Am, die der herzensguten Cockerspanieldame Susi in »Susi und Strolch« (*Lady and the Tramp*, 1955) das Leben schwermachen. Si und Am sind echt die Pest, aber schöne blaue Augen haben sie. Da kann der Charakter schon mal in den Hintergrund geraten. Kommt in den besten Ehen vor.

»Harry und Tonto« (USA 1974)
(Originaltitel: *Harry and Tonto*, Regie: Paul Mazursky)

Pensionierter Lehrer durchquert die Vereinigten Staaten mit seinem Kater an der Leine. Weil das Tier weder gern fliegt noch Bus fährt, mietet Harry ein Auto und erlebt auf seiner Reise allerhand Abenteuer, den Kater immer im Gepäck. Art Carney hat für die Rolle als Harry den Oscar als Bester Hauptdarsteller bekommen, ein Umstand, der weniger spektakulär ist als die illustre Konkurrenz, die er damit 1974 ausstach. Seine Mitnominierten waren Albert Finney für *Mord im Orient-Express*, Dustin Hoffman für *Lenny*, Jack Nicholson für *Chinatown* und Al Pacino für *Der Pate II* … Kater Tonto in der Rolle des Tonto ging übrigens leer aus.

»Die Katze aus dem Weltraum« (USA 1978)
(Originaltitel: *The Cat from Outer Space*,
Regie: Norman Tokar)

Trash muss sein. Der Film um einen Außerirdischen in Gestalt eines (bildschönen) Abessinierkaters mit magischem Halsband ist genauso verklemmt witzig, wie man es von einem Familienfilm Ende der 1970er Jahre erwarten kann. Allerdings mit Charme. Von der Bruchlandung im Miniufo über Gelderschleichung durch manipulierte Pferdewetten und Billardspiele, waghalsigen Stunts zwischen Helikopter und Doppeldecker bis zum schwebenden Richter bei der finalen US-Einbürgerung des Katers. Bis heute ist unklar, wie viel LSD man nehmen muss, um sich so eine Geschichte auszudenken. Das einzig Realistische an der ganzen Sache bleibt die Annahme, Katzen kämen aus einer anderen Galaxie. Das liegt ja wohl auf der Hand!

»The Black Cat« (Italien 1981)
(Originaltitel: *Il gatto nero*, Regie: Lucio Fulci)

Emeritierter Professor kann mit Toten sprechen und den Geist seines schwarzen Katers kontrollieren. Er benutzt ihn als Mordwaffe – so lange, bis der Kater den Spieß umdreht und selbst auf die Jagd geht. Mehrere Tote, eine spukende Katze und eine eingemauerte Frau später greift endlich die Polizei ein. Aber jetzt nicht alles auf Edgar Allan Poe schieben. Von der gleichnamigen Gruselgeschichte des Meisters leiht sich dieser typisch italienische (nicht ganz grundlos ohne Preise gebliebene) *Giallo* nur Titel und Grundidee.

»Cats & Dogs« – Wie Hund und Katz
(USA/Australien 2001)
(Originaltitel: *Cats & Dogs*, Regie: Lawrence Gutterman)

Die Katzen wollen den Homo sapiens allergisch gegen Hundehaare machen, um so via Konkurrenzausschaltung endgültig die Macht auf der Welt an sich zu reißen. Die guten Bellos müssen das natürlich verhindern. Also geht es drunter und drüber, ohne dass die Menschen irgendetwas bemerken. Nach diesem wilden Durcheinander mit Unmengen gut aufgelegter echter Tierdarsteller ist man froh, dass die eigene Katze weder sprechen noch mit anderen paktieren kann. Sehr, sehr froh.

»Die geheimnisvolle Minusch« (Niederlande 2001)
(Originaltitel: *Minoes*, Regie: Vincent Bal)

Zauberhafter kleiner Film aus den Niederlanden mit der jungen Carice van Houten als Katze Minusch, die sich durch ein Missgeschick in einen Menschen verwandelt hat. Der Albtraum jeder Katze. Weil man offenbar zwar das Fräulein aus der Katze, nicht aber die Katze aus dem Fräulein herauszaubern kann, flieht sie nun in Kostüm und Stiefeletten vor Hunden ins Geäst der Bäume, singt nachts auf Dächern oder angelt sich Fischreste aus Mülleimern. Wie unangenehm. Zum Glück findet sie zu ihren Katzenfreunden bald auch Menschenfreunde, und so wird am Ende alles gut.

»Das Königreich der Katzen« (Japan 2002)
(Originaltitel: *Neko no Ongaeshi*,
Regie: Hiroyuki Morita, Zeichentrick)

Ein moderner Anime mit wirklich sehr viel *cat content*. Liebenswertes, aber etwas verpeiltes Schulmädchen rettet Kater vor Lkw, soll daraufhin den Katzenprinzen im Königreich der Katzen heiraten und wird gegen ihren Willen selbst in eine Katze verwandelt. Aber ein geheimnisvoller Katzenbaron und sein gigantischer weißer Katerfreund retten sie in letzter Sekunde. Sehr viel unterhaltsamer, als es klingt.

Shrek (II–IV) und »Der gestiefelte Kater«
(USA 2004–2010 und 2011, Computeranimation)
(Originaltitel: *Shrek (II–IV)* und *Puss in Boots*,
Regie: Andrew Adams u. a.)

Der sssönste Katter mit spanisse Akzent und Musss-ketier-Ssstiefeln sssüdelich von Ssspitzebergen. Ge-stiefelter Kater frech und sexy neu interpretiert. Außerdem unbesiegbar. Warum? Können diese Augen lügen … Der puschlige Haudrauf kam so gut an, dass Dreamworks ihm einen eigenen Film spen-diert hat. Auch dort ist Puss wunderbar. Nicht zu reden von Kitty Samtpfote, die unsrem Minimacho nach Klärung anfänglicher Missverständnisse hilf-reich zur Seite steht.

»Die Katze von Paris«
(Frankreich 2010, Zeichentrick)
(Originaltitel: *Une vie de chat*, Regie: Alain Gagnol)

Dass Katzen sieben Leben haben, ist vermutlich nur ein Gerücht. Sicher dagegen ist, dass Kater Dino ein Doppelleben führt. Tagsüber tröstet er Zoé, ein klei-nes Mädchen, das seit dem gewaltsamen Tod ihres Vaters nicht mehr spricht. Der Papa war, wie die Mama, bei der Kriminalpolizei. Weil Dino es aber nicht so mit Loyalitäten hat, assistiert er in seiner Zweitidentität allnächtlich ohne schlechtes Gewissen dem Einbrecher Nico bei dessen Raubzügen. Was sich später allerdings noch als kluge Wahl erweisen wird ...

🐈 Jokerwissen

Die hinterhältigste und verführerischste aller Miezekatzen ist zweifellos Catwoman. Sie erscheint auf der Leinwand meist im Zusammenhang mit Bruce Wayne alias Batman. Wenn Selina Kyle ihre Krallen schärft, sollten die Herren sich in Sicherheit bringen, egal, ob Mann oder Fledermaus.

1966 räkelte sich Lee Meriwether als erste Catwoman auf der großen Leinwand (*Batman*, Regie: Leslie H. Martinson). Die spätere Fetish-Queen in Lack und Leder wird hier erst angedeutet – aber das reicht auch schon ... 1992 (*Batmans Rückkehr*, Regie: Tim Burton) dann übernimmt Michelle Pfeiffer und rollt, maunzt, tritt, leckt und faucht sich in glänzendem Lack mit ramponierter Maske durch Gotham City und bringt dabei alle um den Verstand! Rrrrr-rhhhhmiau ... 2012 schließlich stellt sich in *The Dark Knight Rises* (Regie: Christopher Nolan) nur noch eine Frage: Warum stehen Männer auf Frauen in Leder? Weil die so schön nach neuem Auto riechen. Oder weil sie manchmal aussehen wie Anne Hathaway als Catwoman. Wer hätte gedacht, dass das Rehauge derart verschlagen sein kann. Gar kein braves Kätzchen!

Das Spin-off *Catwoman* (Regie: Pitof, 2004) dagegen kam ohne Batman aus und war nicht nur deshalb keine Sternstunde. Sorry Halle, an dir lag es nicht!

Plakatkatzen

Viele Filmtitel mit Katze sind irreführend, weil es in der Handlung überhaupt nicht um Katzen geht oder gleich gar nicht erst welche auftauchen.

Hier eine Liste der wichtigsten Katzenblindgänger.

»Die schwarze Katze« (USA 1934)
(Originaltitel: *The Black Cat*, Regie: Edgar G. Ulmer)

Ein Klassiker des Horrorgenres und der erste gemeinsame Auftritt zweier ganz großer Publikumserschrecker: Boris Karloff und Bela Lugosi. Beide hatten als Dracula (Lugosi) und Frankenstein (Karloff) schon früher für Entsetzen in den Kinosälen der Welt gesorgt. Hier nun liefern sie sich ein blutiges Scharmützel, das ermordete Frauen in Glassärgen, Folterkeller, satanische Messen, Vaterlandsverrat, Häutungen und anderes Grausiges mehr beinhaltet. Schwarze Katzen tauchen nur zweimal ganz kurz am Rande auf.

»Die Katze auf dem heißen Blechdach« (USA 1958)
(Originaltitel: *Cat on a Hot Tin Roof*,
Regie: Richard Brooks)

In der berühmten Tennessee-Williams-Verfilmung kommt, außer der sprichwörtlichen im Titel, keine Katze vor, lediglich eine biestige Liz Taylor. Krallen zeigt die allerdings auch.

»Nachts, wenn der Kater kommt« (ČSSR 1963)
(Originaltitel: *Až přijde kocour*, Regie: Vojtech Jasný)

Einer der erfolgreichsten Filme der tschechischen Nouvelle Vague. Der titelgebende Kater arbeitet im Zirkus und trägt Sonnenbrille. Aus gutem Grund: Das Tier schaut jedem direkt in die Seele und ins Sündenregister. Wird die Brille abgenommen, färben sich die Menschen je nach Vergehen. Lügner violet, Diebe grau, Untreue blau und so weiter. Das Theater kann man sich ja vorstellen …

»Was gibt's Neues, Pussy?« (USA 1965)
(Originaltitel: *What's new, Pussycat?*,
Regie: Clive Donner)

Kommt ebenfalls ganz ohne Katze aus. Dafür glänzen Peter Sellers, Peter O'Toole und Romy Schneider. Woody Allen, der hier seinen ersten Leinwandauftritt hat und auch das Drehbuch verfasste, hat der Film nicht gefallen. Er zog aus dieser Erfahrung die Lehre, in Zukunft nur noch selbst Regie zu führen. Allein für diese Einsicht hat sich der Film gelohnt.

»Die Katze« (Frankreich/Italien 1971)
(Originaltitel: *Le chat*, Regie: Pierre Granier-Deferre)

Katze mal tragisch und ohne die Spur von Happy End. Ein altes Ehepaar kommuniziert nur noch über das Tier miteinander. Die Eifersucht und Hilflosigkeit, die daraus resultieren, treiben bald dunkle Blüten. Simone Signoret und Jean Gabin in einer Romanverfilmung von Georges Simenon.

Nicht zu verwechseln mit dem gleichnamigen ARD-Remake von 2006 oder dem Thriller »Die Katze« von Dominik Graf aus dem Jahr 1987, in denen übrigens beide Male Götz George die Hauptrolle spielt.

»Fritz the Cat« (USA 1972)
(Originaltitel: *Fritz the Cat*,
Regie: Ralph Bakshi, Zeichentrick)

Nur für Erwachsene. Sexbesessener Stellvertreter-Kater auf zwei Beinen als Satire auf das Klischee des wilden Studentenlebens der 1960er Jahre in den USA. Fritz the Cat ist zu faul für die Uni und zu stoned für einen richtigen Job, kommt aber beim Flachlegen so ziemlich jeder Mieze und jedes Häschens am Wegesrand trotzdem einmal quer durchs Land.

Mit *Fritz the Cat* wurde erstmals ein Zeichentrickfilm mit einem X (für starke sexuelle und/oder gewalttätige Inhalte) markiert. Steve Krantz, der Produzent, versuchte mit dem Argument »Tieren beim Sex zuzusehen ist keine Pornographie« gegen die Stigmatisierung vorzugehen. Erfolglos, die zuständige Kommission sah das anders. Die Tierschutzvereine vermutlich auch.

»Katzenmenschen« (USA 1942 und 1982)
(Originaltitel: *Cat people*, Regie 1942: Jaques Tourneur, Regie 1982: Paul Schrader)

Gleich doppelt, wenn auch nicht deckungsgleich, verfilmter Hollywood-Horror-Stoff um eine Frau, die sich in eine Raubkatze verwandelt, wenn sich in ihr Liebesgefühle jeder Art regen. Hat mit Katzen nun wirklich rein gar nichts zu tun. Doktor Freud lässt grüßen.

»Und jeder sucht sein Kätzchen« (Frankreich 1996)
(Originaltitel: *Chacun cherche son chat*,
Regie: Cédric Klapisch)

Typisch französischer Film über eine junge Frau, der ihr schwarzes Kätzchen (welches unerklärlicherweise den farblich irreführenden Namen Gris-Gris trägt) entlaufen ist. Die Miez ist nur ein Vehikel, der Film handelt vom Leben und den Menschen im Pariser Viertel La Bastille.

»Schwarze Katze, weißer Kater«
(Frankreich/Jugoslawien/Deutschland 1998)
(Originaltitel: *Crna mačka, beli mačor*,
Regie: Emir Kusturica)

Nicht nur erleichtert Dadan den vertrottelten Matko erst um dessen gesamtes Geld, nein, danach zwingt er ihn auch noch, ihm endlich das Problem seiner unverheirateten Schwester Aphrodita abzunehmen. Matkos Sohn soll sie ehelichen. Aber Zare liebt heimlich Ida, und Aphrodita besteht stur auf den Mann ihrer Träume. Fröhliches Bäumchen-wechsel-dich im Roma-Milieu mit viel Musik und noch mehr Goldzähnen.

Bevor sich das Durcheinander an Interessen nach mehr als zwei Stunden im Happy End auflöst, laufen gelegentlich zwei Katzen durchs Bild, eine schwarz, eine weiß. Spätestens nach einer Einstellung ist sicher, dass tatsächlich die weiße der Kater ist.

»Der große Kater« (Schweiz 2010)
(Regie: Wolfgang Panzer)

Der titelgebende Kater ist lediglich der Spitzname der Hauptfigur, eines (fiktiven) Schweizer Bundespräsidenten. Deshalb geht es in diesem Film auch folgerichtig nicht um Miezekatzen, sondern um Macht, Intrigen, Politik. Und mit Samtpfoten wird da garantiert niemand angefasst. Nach dem gleichnamigen Roman von Thomas Hürlimann, dessen Vater in den 1970er Jahren selbst ein hohes Tier in der Schweizer Politik war.

Katzen in bedeutenden Statisten- und Nebenrollen

Sich mit Filmen auszukennen, in denen Katzen zwar lediglich in Statistenrollen auftauchen, dafür aber prägnanten, verleiht jedem Katzenfan die Aura eines Cineasten. Wenigstens kurzfristig.

Hier einige hilfreiche Beispiele.

»Die Frau des Bäckers« (Frankreich 1938)
(Originaltitel: *La femme du boulanger*, Marcel Pagnol)

Wer sich im französischen Kino nicht auskennt, hat keine Ahnung von Filmen – und mit dieser Schwarz-weißperle aus dem Vorkriegsfrankreich kann man auf jeden Fall glänzen. Komödie aus der Provence mit viel Lokalkolorit. Die Bäckersfrau brennt mit dem gutaussehenden Schäfer durch, und weil ihr Mann daraufhin in den Streik tritt, wird sie von den Dorfbewohnern zur Rückkehr, nun ja, sagen wir mal, überredet. Die fällige Standpauke wegen Herumstreunens bekommt am Ende allerdings die Katze.

»La Dolce Vita« (Italien 1960)
(Originaltitel: *La Dolce Vita*, Regie: Federico Fellini)

Marcello Mastroianni versucht eine halbe Nacht lang vergeblich die Überblondine Sylvia alias Anita Ekberg herumzubekommen. Als er es endlich geschafft hat, mit ihr allein zu sein, bekommt die Zärtlichkeit, die er sich erhofft hatte, ein mutterloses, schreiendes Katzenbaby ab, das sie in den Straßen von Rom aufliest. Besorgt schickt sie Marcello Milch holen. Während er widerwillig lostrottelt, wandelt Sylvia, das Kätzchen auf dem Kopf, durch ein menschenleeres Rom, bis sie plötzlich vor der Fontana di Trevi steht. Der Rest ist Filmgeschichte.

»Der Pate« (USA 1972)
(Originaltitel: *The Godfather*,
Regie: Francis Ford Coppola)

Der Pate, ein Film, der vor allem vielen Männern als der beste Film aller Zeiten gilt, beginnt mit Katze. Während Chefbösewicht Don Vito Corleone am Hochzeitstag seiner Tochter in einem Hinterzimmer Audienz hält und einen Bittsteller zurechtweist, indem er ihn an die Prinzipien der Mafia erinnert, krault er eine kuschelbedürftige Katze auf seinem Schoß. Das Bedrohliche in Marlon Brandos Stimme wird durch ihr Schnurren (welches so laut war, dass diese Szene nachträglich synchronisiert werden musste) ad absurdum geführt. Oder unterstrichen. Je nach Lesart. Die Szene hätte diabolischer kaum gezeichnet sein können. Tatsächlich hat sie auch keiner geplant. Die Katze lief einfach ungefragt an diesem Tag am Set herum und machte Coppola damit ein Angebot, das er nicht ausschlagen konnte …

»Alien« (Großbritannien/USA 1979)
(Originaltitel: *Alien*, Regie: Ridley Scott)

Meilenstein des Science-Fiction- und Horror-Genres. Mit einer Frau als Heldin. Officer Ellen Ripley und Bordkatze Jones, genannt Jonesy, sind nach, vorsichtig formuliert, dramatischen 2 Stunden, die einzigen Überlebenden eines Alien-Angriffs auf ihr Raumschiff. Interessant ist, dass die Katze in diesem Film nicht einfach als Schmuckelement herhalten muss, sondern zielgerichtet zum Aufbau von Spannung eingesetzt wird. Also Obacht, wenn sich an Bord Ihres Raumschiffes das nächste Mal die Katze versteckt …

»Mein Nachbar Totoro« (Japan 1988)
(Originaltitel: *Tonari no Totoro,*
Regie: Hayao Miyazaki, Zeichentrick)

Ein Anime-Klassiker. Der liebenswerte stumme Waldschrat Totoro, den nur Kinder sehen können, hat zwar selbst gewisse Ähnlichkeit mit einer Katze, aber das wirklich feline Highlight dieses berühmten Kinderfilms ist natürlich die sagenhafte zwölfbeinige Buskatze! Neben dem »Knight Bus« das wahrscheinlich ungewöhnlichste öffentliche Verkehrsmittel, das je erfunden wurde.

»Die Liebenden von Pont-Neuf« (Frankreich 1991)
(Originaltitel: *Les Amants du Pont-Neuf,*
Regie: Leos Carax)

Augenlicht weg, Zukunft weg. Erblindende Malerin lässt verzweifelt ihr altes Leben zurück und zieht zu den Obdachlosen auf die Pont-Neuf in Paris. Mit sich nimmt sie lediglich einen Zeichenblock – und ihre wunderschöne kleine Bengal-Katze. Die Liebe zu einem wilden Straßenartisten bringt alles erst recht in Schieflage. Aber wer sagt eigentlich, dass Wasserwaagen der Weisheit letzter Schluss sind?

»Matrix« (USA 1999)
(Originaltitel: *The Matrix,*
Regie: Lana und Lilly Wachowski)

Die Déjà-vu-Katze taucht zwar nur ein paar Sekunden auf (dafür zweimal hintereinander in einem identischen Auftritt), aber Matrix darf einfach in keiner Filmsammlung fehlen. Außerdem hätten die Wachowskis sich ebenso gut für einen Hund oder eine Maus entscheiden können. Haben sie aber nicht. Katze. Katze in Matrix. Thanks, Neo!

»Meine Braut, ihr Vater und ich« (USA 2000)
(Originaltitel: *Meet the Parents*, Regie: Jay Roach)

Robert de Niro als Schwiegervater in spe, in dessen Augen der Erwählte seiner Tochter, gespielt von Ben Stiller, nichts richtig machen kann. Zumal der objektiv schon fast alles falsch macht. Und mittendrin Mr Jinx. Der geliebte Kater, der weiß, wie man ein WC benutzt, trotzdem in Großmutters Asche pinkelt, aber dessen Fell immerhin farbecht ist … Oh, Mr Jinx.

»Die große Stille« (Deutschland 2005)
(Regie: Philip Gröning)

Einer der bemerkenswertesten Dokumentarfilme, die je gedreht wurden. 3 Stunden lang wird, ohne Kunstlicht und Off-Bearbeitung, der Alltag von Mönchen in La Grande Chartreuse gezeigt, dem Stammkloster der Kartäuser, einem kontemplativen Schweigeorden. Was bedeutet, dass sie nicht sprechen *sollen* – keineswegs, dass sie es nicht *dürfen*. Wenn Not am (zumeist) Mann ist, kann natürlich zur menschlichen Sprache gegriffen werden. In einer knapp 3 Minuten langen Szene sieht man einen der Mönche auf dem Dachboden die Klosterkatzen füttern, wobei er leise und liebevoll mit ihnen spricht. Wie vieles in diesem Film erzählt auch diese kurze

Sequenz weit mehr über das menschliche Leben, als es die meisten Produktionen in 90 Minuten schaffen …

»Inside Llewyn Davis« (USA 2013)
(Originaltitel: *Inside Llewyn Davis*,
Regie: Ethan und Joel Coen)

Mittelloser Folkmusiker schlägt sich Anfang der 1960er Jahre durchs Leben und mit dem Schatten von Bob Dylan herum. Weil die Coen-Brothers aber zu den intelligentesten Storyschreibern unserer Zeit gehören, haben sie der Handlung einen Rahmen gegeben: das Hin- und Hertragen einer entwischten Katze. Einer Idee, der wir unter anderem die schöne, im Kino viel zu selten gestellte Frage »Where is his scrotum?!?« (Wo sind seine Hoden?!?) verdanken …

🐱 Jokerwissen

Etwas ganz Besonderes unter den Katzenfilmen ist die belgische Produktion *Romeo & Juliet* (Regie: Armando Acosta) aus dem Jahr 1990. Zwar geht es in diesem Film keine Sekunde um Katzen, ABER … Gezeigt wird das bekannte Drama der unglücklichen Liebenden, unterlegt mit der Ballettmusik von Prokofjew (eingespielt vom London Symphony Orchestra). Vorgetragen werden Shakespeares Verse von britischen Schauspiellegenden wie Ben Kingsley, Maggie Smith und Vanessa Redgrave. Ihre Stimmen sind allerdings nur die Tonspur des Films, denn »dargestellt« werden sämtliche Figuren des Stückes von Straßenkatzen. Keines dieser Tiere war dressiert, weswegen das Einfangen passender Szenen sich äußerst schwierig gestaltete. Der einzige Mensch in diesem Film ist John Hurt, der eine alte Bettlerin spielt, die Handlung und Katzen vereint.

Armando Acosta erklärte wiederholt, dass alle auftretenden Katzen nach Abschluss der Dreharbeiten von Crewmitgliedern adoptiert wurden. Er selbst nahm Romeo und Julia zu sich.

Die wichtigsten Fernsehkatzen

Nicht jede Katze, die in Fernsehserien durchs Bild läuft oder zum Haushalt der Protagonisten gehört, ist gleich eine Erwähnung wert. Aber es gibt doch ein paar, die man kennen muss, wenn man nicht als totaler Ignorant dastehen will.

»Felix der Kater« – aus *Felix the Cat* (ab 1919)

Mehr Fernsehpionier als Felix the Cat geht nicht, denn Felix war 1928 überhaupt das allererste Bild, das in den USA jemals via Television übertragen wurde. Da war Felix, stets gut gelaunt in seinem ikonischen Schwarzweiß, aus der Popkultur längst nicht mehr wegzudenken. Nach 30 Jahren Dauerschleife der alten Stummfilmsequenzen gab es 1958 erstmals wieder 260 neue Felix-Episoden. In den Neunzigern kam dann noch mal ein Schwung dazu. Und seine 100 Jahre sieht man ihm nicht an.

»Tom« – aus *Tom und Jerry* (seit 1940)

Der ganz große alte Veteran unter den Mäusejägern im Fernsehen. Kommt aus dem Hause Metro-Goldwyn-Mayer und ist seit über 70 Jahren mit viel Verve hinter Maus Jerry her. Trotz massiven Waffen- und Fallenaufgebots geht er stets leer aus. Dieses Schicksal teilt er mit

»Sylvester« – aus *Sylvester und Tweety* (seit 1945)

Selbes Schema, anderes Beutetier. Hieß anfänglich sogar selbst Tom. Als Metro-Goldwyn-Mayer sauer wurde, hat Warner Bros. ihren *Looney-Tunes-Doppelgänger* sicherheitshalber umbenannt. Seitdem lispelt sich Sylvester durch die Fernsehgeschichte.

»Kitty« – aus *The Munsters* (1964–1966)

Kitty ist eine ganz normale schwarze Hauskatze, vollkommen harmlos, brüllt allerdings, zum Entzücken ihrer Besitzer, aber dem Entsetzen jedes Besuchers, wie ein ausgewachsener Löwe. Eben das Haustier der Munsters.

»Kater Leopold« – aus Кот Леопольд (1975–1987)

Kater Leopold ist ein freundlicher Kerl mit Strohhut, Langmut und lila Schleife. Leider machen ihm zwei rotzfreche Mäusebengel permanent das Leben schwer. Immerhin bedauern sie ihre Streiche am Ende jeder Episode, worauf Leopold stets versöhnlich anmahnt: »Ребята, давайте жить дружно!« – Lasst uns doch in Eintracht leben, Kinder! Кот Леопольд ist eine legendäre, bis heute äußerst beliebte sowjetische Trickfilmserie.

»Azraël« – aus *Die Schlümpfe* (1981–1989)

Azraël macht seiner Art wahrlich keine Ehre, aber wie soll er auch, wo er doch die Katze (und meist auch der einzige Begleiter) des bösen Zauberers Gargamel ist. Der trachtet den Schlümpfen nach dem Leben, sein gehässiger Kater ebenso. Kein Wunder: Azraël fehlt ein Stück vom Ohr. Das hat ihm Papa Schlumpf mal im Zweikampf abgebissen. So gesehen, ist seine Wut auf die Schlümpfe auch irgendwie verständlich …

»Lucky« – aus *Alf* (1986–1990)

Familienkater Lucky steht ganz oben auf dem Speisezettel des lustigen Anarcho-Außerirdischen Alf. Katzen sind nun mal sein Leibgericht. Dass er damit bei den spießigen Tanners nicht durchkommt, erklärt sich von selbst. Alfs zahlreiche Versuche, Lucky dennoch zwischen die Zähne zu bekommen, sind *der* running gag.

»Schneeball I–V« – aus *Die Simpsons* (seit 1989)

Die erste Katze der Simpsons hieß Schneeball, weil sie weiß war. Seitdem heißt jede neue Katze so. Konsequent amerikanisch mit Ordnungszahl. Egal, welche Fellfarbe sie hat. Nicht zuletzt, damit kein neuer Fressnapf mit korrektem Namenszug gekauft werden muss …

»Spot« – aus *Raumschiff Enterprise:*
Das nächste Jahrhundert (1987–1994)

Spot, die, anders als ihr Name sagt, kein winziges bisschen gepunktet ist, ist das Haustier von Lieutenant Commander Data und lebt mit ihm gemeinsam auf der Enterprise. Das Interessanteste an ihr ist, dass sie einem emotions-, humor- und taktlosen, aber hochintelligenten Roboter gehört. Das wirft die Frage auf: Wozu braucht der eigentlich eine Katze – oder ergibt das gerade Sinn?

»Salem« – aus *Sabrina – total verhext!* (1996–2003)

Salem ist eigentlich ein Zauberer, den der Hexenrat zum Katerdasein verdonnert hat, weil er die Weltherrschaft an sich reißen wollte. Er ist geldgierig, übellaunig und intrigant – wovon wir wissen, weil er selbstverständlich sprechen kann. Bemerkenswert ist außerdem die schön durchgeknallte Konsequenz, mit der er meist von einer schlecht gemachten Stoffpuppe dargestellt wird.

KATZEN AN DIE MACHT –
DAS INTERNET

One cat just leads to another.

(*Ernest Hemingway*)

In einer Szene von »Garfield – Der Film« sitzt der Kater vollgefressen vor dem Fernseher und zappt sich durch die Programme. Auf jedem Sender läuft irgendwas mit Hunden. Wie langweilig. Hätte er in dieser Szene im Internet gesurft, wär ihm das nicht passiert …

Das Internet ist derart überfüllt von *cat content*, Katzeninhalt, dass seit Jahren die schillerndsten Verschwörungstheorien kursieren. Nicht alle davon sind scherzhaft gemeint. Fakt ist, dass kaum etwas in der virtuellen Realität so präsent ist wie Katzen. Es gibt Leute, die behaupten sogar, Katzenvideos würden 90 Prozent der Inhalte im gesamten World Wide Web ausmachen.

An dieser Größenordnung darf gezweifelt werden, trotzdem feiert das Internet jeden Tag Weltkatzentag. Die Tiere sind in den sozialen Netzwerken unterwegs wie nichts. Sie twittern, laden Fotos auf allen möglichen Plattformen hoch, betreiben Webseiten, eigene Youtube-Kanäle und besitzen natürlich Facebook-

Accounts. Standardsprache ist Englisch. Alles andere wird im Netz nicht viral, erreicht also kein weltweites Millionenpublikum.

Berühmte Vertreter der wichtigsten Internetkatzegorien

Von den wortwörtlich zahllosen Videos ganz normaler Katzen, die gefilmt oder fotografiert wurden bei ganz normalen Katzendingen, die ganz normale Katzen nun mal so tun (Stichwort: *cute overload* – absolute Niedlichkeits-Überdosis), kann Miez sich nur absetzen, wenn sie etwas Besonderes im Repertoire hat. Wie diese hier, die es alle zu Ruhm und Ehre im Internet gebracht haben.

»Maru«
Internetkatzegorie: Macht was Katzentypisches auf besondere Weise

Maru ist ein eigentlich nur etwas zu rundlicher Kater aus Japan, der auf der Welt nichts so liebt wie Pappkartons. So weit, so normal. Und doch haben die Videos mit Maru absolutes Suchtpotential. Er ist einfach zu hinreißend, wenn er voller Elan in Pappkartons springt, sich hoffnungsfroh und unbeirrbar in Winzschachteln zwängt oder versucht, sich die

Pappmanschette einer Joghurtverpackung anzuziehen. *Ich schlüpf mal schnell rein.* Die eleganten Videos, ganz auf Maru konzentriert, ohne Musik oder Stimmen, punkten auch durch die stets dazwischen geschalteten Erklärungstafeln. Sowohl auf Japanisch also auch im wirklich sehr sympathisch schiefgegangenen Englisch von Marus Besitzern.

»Denis«
Internetkatzegorie: Macht etwas Katzenuntypisches

Denis, ein freundlicher Kater mit einer kecken schwarzweißen Clownsmaske im Gesicht, lebt in der englischen Grafschaft Bedfordshire und hat ein außergewöhnliches Hobby: Er stiehlt. Und zwar nicht Schinken vom Frühstückstisch, sondern richtig. Denis, die Landplage, klaut bei den Nachbarn Handtücher, Kleidung, Schuhe, Unterwäsche, Mützen, Schals und so weiter. Eben alles, was er durch die Katzenklappe zerren kann. Mit wie viel Verve und Anstrengung er sein Diebeshandwerk betreibt, kann man auf den regelmäßig online gestellten Überwachungsvideos seines Frauchens sehen, welche Denis' Beute selbstverständlich später brav den Eigentümern zurückgibt.

»Grumpy Cat«
Internetkatzegorie: Sieht ungewöhnlich aus

Die grimmigst dreinschauende Katze des Internets heißt eigentlich Tardar Sauce und leidet an felinem Kleinwuchs, weswegen sie auch dieses scheinbar unzufriedene Gesichtchen mit sich herumschleppt. Tatsächlich ist Grumpy ein freundliches, sanftes Wesen, das sich von Frauchen überall vorführen, fotografieren und filmen lässt. Das würde nicht jede Katze mit sich machen lassen. Grumpy hat es zu einer Popikone gebracht, ist eine eingetragene Marke mit Fanartikeln und eigenem Management. Wie es sich für die berühmteste Katze des Internets gehört. Ob ihr Ruhm sie glücklich macht, ist nicht bekannt. Für ihre Besitzerin hat sich das auf jeden Fall ausgezahlt.

»Henri«
Internetkatzegorie: Macht nichts Besonderes, sieht ganz normal aus, wohnt aber mit einem witzigen Youtuber zusammen

Henri, le Chat Noir, ist trotz seines Namens keineswegs schwarz, sondern ein klassischer Frackkater mit weißer Brust und weißen Pfoten. Aber er ist ja auch nur ein behaupteter Franzose, wie sein amerikanischer Akzent offenlegt. Unbestritten allerdings ist

Henri die Hauptfigur einer Reihe sehr lustiger Schwarzweiß-Kurzfilme, für die er völlig zu Recht den Preis »Bestes Katzenvideo des Internets« bekommen hat. Henri, der Existentialist, liegt eigentlich nur herum oder schaut schwermütig aus dem Fenster. Kein Wunder, plagen ihn doch sehr viele, sehr ernste Gedanken über das Leben und die Liebe. Zu unserer Freude dürfen wir ihm beim Philosophieren zuhören (auf Französisch, Englisch untertitelt). Ah, la vie, mon dieu …

»Stina und Mossy«
Internetkatzegorie: Sprechende Katzen

Katzen kommunizieren nicht nur via Körpersprache, sondern natürlich auch mit ihrer Stimme. Den Menschen (und zwar nur den) miauen sie an, untereinander heißt es eher prrhh, krch, mhm, schch, pfff, grugr, ähäh, groahhh, chhh. Dabei bewegt sich natürlich das Maul der Katze. Im Internet kursieren deshalb viele Videos, auf denen Tierhalter diesen Umstand nutzen und ihren Katzen passgenau Menschenworte in den Mund legen. Sie selbst nennen das Übersetzung, mit etwas gutem Willen kann man von Synchronisation sprechen. Das mit Abstand erfolgreichste (und sehr komische) Talking-Cats-Video ist das von Stina und Mossy. Aber Vorsicht: Es ist nicht geeignet, das Vorurteil der großen Katzenverschwörung zu widerlegen … Achtung, benimm dich wie eine Katze!

»Cole and Marmalade«
Internetkatzegorie: Katzenparodie mit Botschaft

Die Zeiten sind für Züchter hart geworden. Heute gilt es als politisch korrekt, seine Katze aus dem Tierheim zu holen. *Gerettet* nennt man das oder *adoptiert*, wobei sich bei letzterer Formulierung die Frage aufdrängt: Was denn sonst? Der neue (begrüßenswerte!) Zuspruch, den Heimkatzen erfahren, liegt wohl auch daran, dass Tierschützer dazugelernt haben und schwere Geschütze auffahren. Nämlich Unmengen sehr lustiger und durchaus aufwendig produzierter Videos mit absolut schnulligen Tierheimkatzen. Ernste Botschaft immer dabei. Meist heißt es schlicht am Ende »adopt a cat«, manchmal wird auch speziell geworben für schwarze Katzen (die nachweislich in größerer Menge und länger in Tierheimen sitzen), alte Katzen, den Schutz der Wildkatzen, den von Großkatzen und so weiter. Wer wissen will, was »Purring in first degree« ist oder woran man erkennt, dass Katzen die Übernahme der Weltherrschaft planen, sollte unbedingt mal bei dem quirligen Katzenduo Cole und Marmalade oder den Cat CATastrophes vorbeischauen.

»Choupette«
Internetkatzegorie: Promimieze

Bis vor kurzem war noch Max, das längst verstorbene Hausschwein von George Clooney, das bekannteste Haustier eines Reichen und Berühmten. Diesen Rang hat er verloren, als Choupette die Bühne mit sanften Pfötchen betrat. Die putzige blauäugige Birmakatze ist DAS It-Girl des Katzennetzes. Sie kann nichts, sie sieht aus wie jedes Exemplar ihrer Rasse, aber sie stammt aus dem Haushalt eines Stars und tanzt deshalb, hui, auf jeder Luxusparty. Von diesen Promimiezen tummeln sich zwar einige auf Twitter, Instagramm und Co., aber Choupette ist ihre ungekrönte Königin. Auch deshalb, weil sie für Herrchen Karl Lagerfeld allein im Jahr 2014 drei Millionen Euro verdient hat. Was soll man dazu sagen. Der Teufel und der größte Haufen.

»Katzen, die wie Hitler aussehen«
Internetkatzegorie: Frisur verbindet

Kitlerbesitzer aller Länder, vereinigt Euch! Zu den Katzenpionieren im Internet gehören die Betreiber der seit 10 Jahren aktiven und sehr erfolgreichen Seite »Cats That Look Like Hitler«, einer gigantischen Fotosammlung von (zumeist schwarzweißen) Katzen, die das Pech hatten, mit Scheitel und Schnäuzer geboren zu sein. Also wie Adolf Hitler auszusehen. Manche weisen eine wirklich spektakuläre Ähnlichkeit mit ihm auf. Seitdem sind die Kitler (Kitty+Hitler) auf dem unaufhaltsamen Vormarsch im Netz. Und natürlich tobt dazu der bei allen Witzen mit Hitler obligatorische Streit, ob man das nun darf oder nicht. Die Katzen selbst enthalten sich der Diskussion.

»Simon's Cat«
Internetkatzegorie: Lustiger Zeichentrick

Der britische Illustrator Simon Tofield hat alles richtig gemacht. Seine Idee, die verfressenste seiner vier Katzen in ihrer liebenswerten Dreistigkeit auf kurzen Trickfilmsequenzen zu verewigen und online zu stellen, war Gold wert. Die lustigen Clips über Simons Katze haben sich in Höchstgeschwindigkeit verbreitet und sind bis heute ein absoluter Youtube-Renner. Aber nicht nur das. Seit 2009 sind außerdem parallel bereits 8 Bücher mit Simons-Katze-Cartoons erschienen, Tofield wurde mit Preisen überhäuft, und Walt Disney hat auch längst angebissen. Vom Youtuber zum Erfolg? Mit der richtigen Katze kein Problem. Füttere mich!

»Lolcats«

Internetkatzegorie: Is kann nis ristig spresn. Haha.

Bei sogenannten Lolcats handelt es sich um Katzenbilder mit lustigen Sprüchen oder (häufiger) den vermeintlichen Gedanken der Katzen. Meist sprechen die Tiere ein putzig falsches Kinderenglisch. Da lugt dann etwa eine Katze mit großen Kulleraugen unter dem Sofa hervor und fragt: »Bissu jedz endlis fertig mittie Staubsauga, Mama?« Es geht aber auch wesentlich bissiger. Da ist humormäßig nach oben und zu den Seiten alles offen … In Russland reißen die Lolcats gern auch mal politische Witze, die USA setzen auf Unartigkeit, und die Japaner mögen es drollig. Erfunden wurde diese Form der Katzenpräsentation bereits 1870 von einem britischen Fotografen. Weltberühmt gemacht hat sie allerdings die Webseite »I can has cheezburger«. Das 2006 ursprünglich als Blog gestartete Projekt explodierte vermutlich etwas unerwartet – dafür aber so richtig. Heute ist sie das Heim aller Lolcats. Weltweit. Bissu irre?!

 **Jokerwissen**

Die größte Nervensäge unter den Internetkatzen ist die rosafarbene Nyan Cat, die auf einem Regenbogen reitet oder ihn hinterlässt (Katzenflatulenz?), so genau ist das nicht zu unterscheiden. Sie lebt auf ihrer eigenen Webseite und fliegt dort in einer Endlosschleife über den Bildschirm. Im Hintergrund läuft dazu ein zuckerschockmäßiger Klangteppich mit dem Text Nyanyanyanya. Nya ist japanisch für Miau. Weil das alles zusammen kaum auszuhalten ist, besteht der ganze Sinn der Webseite darin, anhand eines Sekundenscores anzuzeigen, wie lange man das erträgt. Es soll Rekorde geben, die bei Stunden liegen. Das Gegenteil der Nyan Cat sind übrigens Schnurrvideos. Auf denen hört man über Stunden nichts anderes als das konstante, ruhige Schnurren einer glücklichen Katze.

Böse Miez! – Katzen am Pranger

Ein äußerst populärer Internettrend ist das sogenannte *Haustierbeschämen*, das Pet-Shaming. Wobei *to shame* auf Englisch sowohl beschämen als auch jemandem Schande machen bedeutet, was bekanntlich nicht dasselbe ist. Der doppelte Wortsinn ist nicht zu unterschätzen. Tierhalter (vor allem solche von Hunden und Katzen) stellen Fotos ins Netz, auf denen

ihre Lieblinge mit Zetteln posieren müssen, die ver-
künden, welche »Missetat« sie begangen haben. Wie
so oft im Leben sagt das mehr über den Menschen
aus als über das Tier. Ganz vorneweg Leute, denen in
ihrer Ignoranz völlig entgeht, dass Dinge wie »Ich
mache auf den Teppich, wenn mein Klo nicht sauber
ist« auf mangelhafte Fürsorge verweisen und keines-
falls auf schlechtes Benehmen des Tieres. Wie soll es
sich denn sonst mitteilen … Einen Zettel schreiben?
Zufriedene, gesunde Katzen vergehen sich jedenfalls
nicht an der Auslegware. Auch »Ich lecke an der But-
ter« oder »Ich habe aus Langeweile das Computer-
kabel zerkaut« sind nun wirklich nichts, wofür man
eine Katze anprangern (geschweige denn bestrafen!)
darf.

Lustig wird das Cat-Shaming nur (dann allerdings
sehr), wenn der Katzenhalter ein Scherzkeks ist
oder die Streiche seines pelzigen Mitbewohners nur
scheinbar beklagt, weil er sie eigentlich selbst sauko-
misch findet oder sogar heimlich stolz ist auf den
Einfallsreichtum seines Schnurrers … Nachfolgend
ein paar vorbildliche Beispiele für Katzenrügen im
Internet:

Ich habe einer Maus dabei zugesehen,
wie sie mein Futter gefressen hat –
und ich habe nichts dagegen getan.

Ich habe den Deckel von der Urne gefummelt und dann in Omas Asche geniest.

Ich hab den Hamster angepinkelt.

Ich habe meiner Frau eine halbtote Maus in den Mund gesteckt, weil sie nicht wachgeworden ist, um sie sich anzusehen.

Ich hatte einen One-Night-Stand.

Ich sammle alle Dinge auf, die ich im Haus zu fassen bekomme (Katzenspielzeug, Weihnachtsbaumschmuck, Socken) und werfe sie dann ins Toilettenbecken.

Ich habe der Gardine einen riesen Ratsch verpasst, damit ich auch bei zugezogenen Vorhängen aus dem Fenster sehen kann.

Ich hab das Baby angepupst.

Ich hab die Tüte mit der getrockneten Katzenminze aufgerissen, und jetzt bin ich zu stoned, um mich noch zu bewegen.

Ich hab den Weihnachtsbaum umgebracht.

KATZEN IN DER LITERATUR

Wenn du schreiben willst, schaff dir Katzen an.

(Aldous Huxley)

Das seit 1925 erscheinende Kulturmagazin »The New Yorker« war von Anfang an berühmt für seine bissigen Karikaturen. Eine von Donald Reilly aus dem Jahr 1988 zeigt nichts als ein kleines Geschäft an einer Straßenecke, auf dessen Schaufenster steht »Katzenfreier Buchladen«. Subtiler ist die unauflösliche Einheit von Katzen und Literatur selten kariert worden. Es gibt Katzenbücher in so großer Menge und Vielfalt, dass einem die Worte fehlen. Das Internet ist nichts dagegen.

Kein Wunder, ist doch die Verbindung von Autoren und Katzen geradezu klassisch. Man weiß gar nicht, wer wen mehr liebt. Die Literaten ihre schnurrhaarigen Musen oder Katzen ihre Schriftsteller, weil die ihnen alles bieten, was eine Katze zum Glück so braucht. Papier, Stille und einen andächtig beschäftigten Menschen am Schreibtisch, der für jede Ablenkung dankbar ist.

Besonders große Katzenliebhaber
unter den Schriftstellern

Schriftsteller aller Zeiten haben Katzen ihr Herz geschenkt – aber nur das von Thomas Hardy (1840–1928) wurde auch von einer Katze gefressen!

Hardy wünschte neben seiner ersten Ehefrau begraben zu werden, das Empire jedoch bestand darauf, den großen englischen Schriftsteller standesgemäß in der Poets' Corner von Westminster Abbey beizusetzen. Man griff auf eine alte Tradition zurück: die Herzbestattung, bei der Leib und Herz an verschiedenen Orten ihre letzte Ruhe finden. Dank des unbeaufsichtigten, nachlässig verschlossenen Transportbehältnisses war das bei Hardys Herz der Magen einer Katze. Die Experten sind uneins, ob das Herz des Dichters nun mitsamt der diebischen Katze an der Seite Emma Hardys begraben wurde oder ob das Tier entkam und man stattdessen ersatzweise ein Schweineherz beerdigen musste. Historisch gesichert ist lediglich der Verzehr des Dichterherzes durch die Katze.

Das könnte Thomas Hardy sogar gefallen haben, denn natürlich war auch er ein großer Katzenfreund. Wie so viele, viele andere …

Francesco Petrarca (1304–1374)

Der große Petrarca, einer der Begründer des italienischen Humanismus, ist vor allem berühmt für seine Liebe zu der schönen Laura, die er nie bekam, aber sein Leben lang verehrte. Außerdem war er ein großer Freund der Katzen. So sehr, dass im Wohnhaus des Dichters in Padua bis heute eine Katzenmumie ausgestellt wird. Auch wenn mittlerweile nachgewiesen wurde, dass diese eine Fälschung ist und mit ihren knapp 300 Jahren viel zu jung, um Petrarca noch persönlich gekannt zu haben, steht sie stellvertretend für die vielen Schriftstellerkatzen jener Jahrhunderte, in denen die wertvollen Manuskripte noch vor Mäusen verteidigt werden mussten.

Charles Dickens (1812–1870)

Von Charles Dickens stammt die (selbstverständlich rein rhetorische) Frage: «Kann es ein größeres Geschenk geben als die Liebe einer Katze?» In Dickens' Großfamilienhaushalt (er hatte zehn Kinder) gab es immer Katzen. Als Dickens' Kater William eines Tages überraschend Mutter wurde (und fortan Williamina hieß), entwickelte sich zwischen dem Schriftsteller und einem dieser Kätzchen eine so innige Beziehung, dass der kleine Bob von den anderen nur Master's Cat, Herrchens Katze, gerufen wurde. Bob verbrachte den Rest seines Lebens auf Dickens' Schreibtisch sitzend. Wenn es ihm nachts zu lange dauerte, patschte er einfach mit der Pfote die Kerze aus. Dickens hing sehr an dem Tier. Nach Bobs Tod 1862 ließ Dickens jene Kerzenpfote ausstopfen und sie zum Griff eines Brieföffners mit Elfenbeinklinge und Gravur verarbeiten. Er liegt heute in einem Museum.

Mark Twain (1835–1910)

»Ich kann einer Katze einfach nicht widerstehen. Vor allem keiner schnurrenden.« Allein mit Zitaten von Mark Twain, dem ebenso geistreichen wie schlagfertigen »Vater der amerikanischen Literatur« (wie Faulkner ihn einst nannte), könnte man ganze Katzenbücher füllen. Oh, was hat Mark Twain Katzen geliebt! Seine Schwäche für diese Tiere war so groß, dass er sich tageweise welche auslieh, wenn er auf Reisen war und seine eigenen, zahlreichen Katzen zu Hause zurücklassen musste. In seinem Haus in Hartford, Connecticut, durften die Tiere sprichwörtlich alles. Von Susy, der damals 11-jährigen Tochter Twains, ist der schöne Satz überliefert: »Mama liebt Sitten, Papa liebt Katzen«. Mehr ist dazu eigentlich nicht zu sagen. Mark Twain for President!

Colette (1873–1954)

Im Reich der katzenvernarrten Schriftsteller ist Colette Königin! Nicht nur hat sie Katzen innig geliebt, sie besaß auch die Gabe, den Tieren in die Seele zu schauen – statt in erster Linie die eigenen Befindlichkeiten auf sie zu übertragen. Colette, eine skandalumwitterte Ikone der französischen Literatur, hatte in ihrem Leben unzählige Katzen (die sie übrigens alle siezte, eine vornehme Angewohnheit aus dem 19. Jahrhundert): Franchette, Kiki, Minionne, Musette, Fossette, Poucette, Muscat, Fanfare, die Wildkatze Bâ-Tou und so weiter. Aber am meisten hing ihr Herz an der Kartäuserin La Chatte, auch genannt La Chatte dernière, die letzte Katze. Nach deren Tod, der Colette 1939 untröstlich zurückließ, nahm sie nie wieder eine Katze bei sich auf.

Ernest Hemingway (1899–1961)

War es Hemingway als junger Mann in Paris noch unangenehm aufgefallen, dass die Katzen eines Freundes vom Tisch fraßen, hatte er später damit gar kein Problem mehr. Das beweisen zahlreiche Fotos, auf denen man neben dem Literaturnobelpreisträger Katzen sieht, die über gedeckte Tische spazieren, an wassergefüllten Kristallgläsern nippen oder gleich vom Teller gefüttert werden. Von den Dutzenden

Katzen des Schriftstellers sind vor allem die zahlreichen Nachfahren des Katers Snow White berühmt, die bis heute auf dem Hemingway-Anwesen in Florida leben. Sie haben von ihrem Urkater einen genetischen Fehler geerbt: Wie er haben sie mehr als die üblichen zehn Zehen vorne und acht Zehen hinten. In der Fachsprache nennt man das Polydaktylie. Bei Katzen spricht man auch von Hemingway-Katzen.

Erich Kästner (1899–1974)

»Nun gibt es also außer Federhaltern und Büstenhaltern auch Katzenhalter, und ein solcher bin ich«, sinniert Erich Kästner in einem sehr persönlichen Text, den er 1959 über Katzen geschrieben hat. Er diente als Einleitung für ein Buch von Paul Leyhausen, dem großen deutschen Katzen-Verhaltensforscher. Wie viele Stubentiger Erich Kästner in seinem Leben genau gehalten hat, ist nicht klar, aber es waren mindestens vier. Gleichzeitig. Nämlich Pola, Lollo, Butschi und Anna. Das Zusammenleben mit ihnen beschreibt Kästner erfrischend, lebendig und zärtlich. Am liebsten würde man sofort miteinziehen.

Elsa Morante (1912–1985)

Spätestens seit Elsa Morante 1948 mit dem Premio Viareggio und 1957 noch dem Premio Strega ausgezeichnet wurde, waren sie und ihr Ehemann Alberto Moravia *das* Traumpaar der italienischen Literaturszene. Zur Verleihung des Premio Viareggio reiste die Schriftstellerin mit zwei ihrer geliebten Siamkatzen an, die beide artig in einem offenen Korb saßen und während der Zeremonie geduldig ausharrten. Elsa Morante hat sich Katzen seelisch stark verbunden gefühlt, vor allem den Siamesen. Der wahre König der Tiere, hat sie mehrfach betont, sei nicht der Löwe, sondern die Siamkatze.

Doris Lessing (1919–2013)

Von Verklärung hat Doris Lessing nichts gehalten. Als vor dem Haus lauernde Journalisten sie 2007 mit der Nachricht des ihr eben zugesprochenen Literaturnobelpreises überraschten, seufzte sie nur: »Oh, Christ«, und winkte ab. Ähnlich unsentimental geht es auch in ihrem berühmten, großartigen Katzenbuch zu, mit dem sie den Samtpfoten ihres Lebens, zwischen Afrika und Europa, ein literarisches Denkmal gesetzt hat. Die letzten Jahre ihres Lebens verbrachte sie im Wohnzimmer ihres Londoner Hauses, wo sie sich mit ihrer Katze Yum-Yum eine rote Couch teilte.

Patricia Highsmith (1921–1995)

Patricia Highsmith war kein einfacher Mensch, soziales Geplänkel lag ihr nicht. Was ihr dagegen sehr behagte, war die Gesellschaft von Katzen. Diese waren, neben der Literatur und dem Trinken, die einzige Kontinuität im Leben der großen alten Dame des gepflegten Mordes. Sie lebte mit Katzen, schrieb über sie, malte sie – und richtete sogar ihren Speiseplan nach ihnen aus. Eine Freundin berichtete von einem Besuch bei Patricia Highsmith in ihrem Haus im Tessin: »Wir aßen nur Dinge, die man ohne weiteres auch an die Katzen verfüttern konnte: Hering, Milchprodukte. Bis auf das Bier und den Scotch natürlich.«

Nadine Gordimer (1923–2014)

Die 1991 mit dem Nobelpreis ausgezeichnete Nadine Gordimer war eine der wichtigsten literarischen Stimmen Südafrikas. Sie hat sich sowohl persönlich als auch in ihrem Werk ein Leben lang kritisch mit der Rassentrennung in ihrem Land auseinandergesetzt. Über die Privatperson Nadine Gordimer ist vergleichsweise wenig bekannt. Aber dass sie eine große Katzenfreundin war, hat sie nie versteckt. Es gibt zahlreiche Fotos von ihr gemeinsam mit Katzen. Als sie 1976 gebeten wurde, für das Buch »Book people picture themselves« ein Selbstporträt von sich anzufertigen, schickte sie dem Verlag kurzerhand eine Zeichnung von zwei Katzen. Kein uninteressantes Statement.

 Jokerwissen

Der Brite Edward Lear (1812–1888) war ein vielfältig begabter Mann. Er zeichnete so gut, wie er schrieb. Mit seinen Limericks hat sich Lear zu einem der bedeutendsten viktorianischen Vertreter der nach ihm benannten Nonsens-Literatur gescherzt. Kein Witz indes war, dass er sich eine Villa (die ihm nicht mehr gefiel, weil durch einen Neubau der Blick auf das Meer verstellt war) in einer exakten Kopie Quadratmeter für Quadratmeter nachbauen und auch so einrichten ließ, damit sich sein Kater Foss nach dem Umzug nicht umstellen musste. Lear fand, dass ein anderes Haus für das geliebte Tier einer Zumutung gleichgekommen wäre.

Berühmte Katzengedichte

Der bekannteste Vers mit Katze (jedenfalls gleich nach »ABC, die Katze lief im Schnee«) soll uns dazu bringen, Katzenfutter zu kaufen. »Ist die Katze gesund, freut sich der Mensch.« Womit die Werbetexter es zwar durchaus ins Schwarze getroffen, aber keineswegs in den Olymp der Katzenlyrik geschafft haben. Dafür braucht es schon wesentlich mehr. Hier eine Auswahl deutlich ernster zu nehmender Kandidaten auf einen Platz im Wohnsitz der katzenbedichtenden Götter:

1558
Joachim Du Bellay »Epitaphe d'un chat«

Trotz des irreführenden Vornamens ein Franzose. Du Bellay (1522–1560) war einer der bedeutendsten Dichter seiner Zeit und gehörte dem erlauchten Kreis der Pléidade an. Er hat den wohl längsten Katzennachruf der Literaturgeschichte verfasst. Auf knackigen 400 Zeilen betrauert er in aller Ausführlichkeit den Tod seines geliebten Katers Belaud. Dieses Gedicht gilt zudem als erster Nachweis für die Existenz blauer Katzen in Frankreich, quasi das Stammblatt der heutigen Kartäuser.

Entstanden um 1762 (veröffentlicht 1939)
Christopher Smart »Jubilate Agno«

Christopher Smart (1722–1771) war ein englischer Dichter, der dem religiösen Wahn verfiel und in einem der damals üblichen Irrenhäuser fast sechs

Jahre seines Lebens verbrachte. In dieser Zeit schrieb er sein bekanntestes Werk »Jubilate Agno«, in welchem ein ganzer, wunderbarer, langer Absatz seinem Kater Jeoffry und dessen Gottesfurcht gewidmet ist, die sich in so schönen Dingen zeigt wie: »Weil er die Nachtwache des Herrn gegen das Böse ist« oder »Weil er anderen Katzen mit freundlichen Küssen begegnet« …

1849
Theodor Storm »Von Katzen«

Doch, doch: Es gibt heitere Balladen! Theodor Storm (1817–1888) hat eine geschrieben, in der er erzählt, was passiert, nachdem er (Der Himmel segne mir meine Menschlichkeit!) die neugeborenen Kinder seiner Katze vor der strengen Köchin rettet. Erst stellen ihm die Kleinen das komplette Haus auf den Kopf, dann werden sie groß – und schwupps, hat er im kommenden Jahr siebenmal siebenfachen Nachwuchs. Nun ist er stolzer Besitzer von 56 Katzen, und ein Ende ist nicht in Sicht.

1854
Heinrich Heine »Mimi«

»Bin kein sittsam Bürgerkätzchen, nicht im frommen Stübchen spinn ich. Auf dem Dach, in freier Luft, eine freie Katze bin ich.« Natürlich besingt Heine (1797–1856) die Freiheit der Katze, was denn sonst – und selbstverständlich widmet er sich auch ihrer Promiskuität. Alle Katerjunggesellen, »liebelechzend, lustentglommen«, lockt die lebenshungrige Mimi auf den Dachfirst, um dort mit ihnen ein sagenhaftes Konzert zu starten. Ein Loblied auf die freie Liebe.

1857
Charles Baudelaire »Le Chat«

Charles Baudelaire »Komm, meine schöne Katze, an mein verliebtes Herz« – der ganz große Klassiker unter den Katzengedichten. Bei Baudelaires (1821–1867) traumhaft schönen Versen muss man nicht überlegen, wie der Dichter zu Katzen stand. Seine poetische Liebeserklärung an die Katze stammt natürlich (als nur eine von zwei Katzenhuldigungen) aus der Gedichtsammlung aller Gedichtsammlungen: »Die Blumen des Bösen«.

1908
Rainer Maria Rilke »Schwarze Katze«

Das Gedicht »Schwarze Katze« stammt, wie sein berühmter, nicht nur gattungsmäßig verwandter Vorgänger »Der Panther«, aus Rilkes (1875–1926)

Zeit in Paris, die für ihn von vielen wichtigen Begegnungen, aber auch großer Verunsicherung bestimmt war. Die Katze, die er beschreibt, ist keine zärtlich angeschmachtete Geliebte, vielmehr geht von Rilkes Versen eine diffuse Bedrohung aus. »… da triffst du deinen Blick im geelen Amber ihrer runden Augensteine unerwartet wieder: eingeschlossen wie ein ausgestorbenes Insekt.« Oha.

1939
T. S. Eliot »Old Possum's Book of Practical Cats«

Die Katzen aus dem wunderbaren, komischen Katzenkosmos des Literaturnobelpreisträgers T. S. Eliot (1888–1965) sind weltbekannt. Das hat weniger mit dem Interesse an moderner englischer Lyrik zu tun als damit, dass Andrew Lloyd Webber daraus 1981 ein Musical gemacht hat. Er hat es schlicht *Cats*, Katzen, genannt. Nicht ganz so schlicht war der Erfolg, den er mit der Vertonung von Eliots Versen hatte: *Cats* ist eines der erfolgreichsten Musicals, die jemals geschrieben wurden. Weil »Old Possums Katzenbuch« dem Wesen nach für Kinder ist, wird in Übersetzungen oft versucht, den Reim zu erhalten – leider meist zu Ungunsten von Eliots eleganter, einfallsreicher, witziger Sprache.

1957
Pablo Neruda »Ode ao gato«

Das muss man dem chilenischen Literaturnobel-preisträger Pablo Neruda (1904–1973) lassen: Wo Ode draufsteht, ist auch Ode drin. In sechs sehr langen (und sehr poetischen) Strophen preist er die Schönheit, die Eleganz, die Freiheit, die Wildheit, die Vollkommenheit der Katze. Kurz: Krone der Schöpfung auf makellosen Pfoten. Und der Mensch? »Alles kenn ich [...] nur eine Katze kann ich nicht enträtseln. Meine Vernunft prallt ab an ihrem Gleichmut, in ihren Augen stehen goldne Ziffern.«

1984
Sarah Kirsch »Katzenleben«

Sarah Kirsch (1935–2013) war eine der wichtigsten deutschen Lyrikerinnen der Nachkriegszeit. Katzen haben sie oft inspiriert. Doch die Natur- und Liebespoesie von Sarah Kirsch hatte stets auch einen politischen Anspruch. »Katzenleben« (aus dem gleichnamigen Gedichtband) erschien Jahre nach ihrer Ausreise aus der DDR, trotzdem wird die Katze hier noch mal zum Sinnbild für den Freiheitswunsch einer Eingesperrten. Dieses Motiv hat, nicht nur in der Lyrik des Ostblocks, eine lange Tradition.

Wisława Szymborska
»Kot w pustym mieszlcanin«

»Sterben – das tut man einer Katze nicht an.« So beginnt eines der ergreifendsten Katzengedichte überhaupt. In Polen lernt es jedes Kind in der Schule. Geschrieben hat es die Lyrikerin Wisława Szymborska (1923–2012), die 1996 mit dem Literaturnobelpreis geehrt wurde, nach dem Tod ihres Mannes. In eindrücklichen, poetischen Bildern beschreibt sie in *Katze in der leeren Wohnung* die Suche einer Katze nach ihrem verstorbenen Besitzer. Das Tier versteht das Verschwinden des geliebten Menschen nicht, erlebt den Verlust aber sehr wohl.

Berühmte literarische Katzen

1997 schrieb der Franzose Erik Orsenna in seinem Roman *Inselsommer*: »Katzen sind Wörter mit Pelz. Wie die Wörter, so streifen sie um die Menschen herum, ohne sich je zähmen zu lassen. […] Wörter und Katzen gehören zur Rasse der Nicht-Greifbaren.« Die Arbeit eines Schriftstellers beruht nun wesenshaft darin, dieses Jagdglück täglich herauszufordern. Die Mutigsten von ihnen haben sich gar an beidem zugleich versucht: dem richtigen Ausdruck und den Katzen. Hier eine kleine Auswahl gelungener Zusammentreffen.

Es war einmal ... »Der gestiefelte Kater«

Die Geschichte eines Katers, der als verflohtes Erbe daherkommt, sich aber später (nachdem er die gewünschten Stiefel erhält) als äußerst hilfreich erweist und seinem Herrn Geld und Titel verschafft, ist uralt. In seinem vornehmen Schuhwerk ist das clevere Katerchen einmal quer durch Europa spaziert und wurde dabei immer mal wieder von berühmten Märchenerzählern aufgesammelt. 1550 vom Italiener Giovanni Francesco Straparola, 1697 von Monsieur Charles Perrault und 1812 natürlich von den Gebrüdern Grimm. Und von dort bis zu Shrek war es dann nur noch ein Katzensprung.

1819/1821
Kater Murr aus »Lebensansichten des Katers Murr« von E. T. A. Hoffmann

»... nebst fragmentarischer Biographie des Kapellmeisters Johannes Kreisler in zufälligen Makulaturblättern« lautet der volle Titel des Hauptwerks von E. T. A. Hoffmann (1776–1822), dem musisch hochbegabten Berliner Kammergerichtsrat mit Hang zur Katze. Das »nebst« ist äußerst wichtig, denn das

Kreisler'sche Manuskript dient dem gesellschaftlich ambitionierten, nicht eben unspießigen Bildungskater Murr im Roman als Steilvorlage für seine berühmten Ansichten. Kreisler wiederum konterkariert das durch die Realität seiner gescheiterten Künstlerexistenz. E. T. A. Hoffmann hatte tatsächlich einen Kater namens Murr, an dem er derart hing, dass er auf den Tod des Tieres tief getroffen mit einer Traueranzeige reagierte. Lange musste der Meister die Trennung aber nicht erleiden, schon ein halbes Jahr nach seinem Kater starb auch er.

1865
Die Grinsekatze aus »Alice im Wunderland« von Lewis Carroll

Warum von all den bunten, seltsamen Kreaturen Carrolls (1832–1898) ausgerechnet die Katze, deren Mundwinkel bis an die Ohren reichen, heute eine geradezu ikonische Popularität genießt, weiß niemand so recht. Zumal ihre Rolle in »Alice im Wunderland« nicht besonders groß ist. Wahrscheinlich liegt es einfach daran, dass sie eine Katze ist. Im englischen Original heißt sie Cheshire Cat, was auf die Redewendung »zu grinsen wie eine Katze aus Cheshire« zurückgeht. Am Ende löst sie sich auf und lässt nur ihr Grinsen auf einem Ast zurück. Was Alice den schönen Satz abringt: »Ich habe schon oft eine Katze ohne Grinsen gesehen, aber nie ein Grinsen ohne Katze!« Wie wahr.

1905
Ich der Kater aus »Ich der Kater«
von Natsume Sôseki

Obwohl gleichfalls aus der Rubrik »Kater und wie er die Welt sah«, ist der Kater Natsume Sôsekis (1867– 1916) keineswegs eine asiatische Raubkopie von Murr, sondern dessen absolut ebenbürtiger jüngerer, japanischer Kollege. Er ist »unbenamst bislang«, was durchaus keine Rückschlüsse auf den hohen Stand seiner Person oder seine geistige Überlegenheit erlaubt … Der Kater lebt im Haushalt des Englischlehrers Rarus Schneutz und beobachtet von dort aus, was die Menschen um ihn herum im Japan der letzten Jahrhundertwende so treiben. Und natürlich kommentiert er es pausenlos, genüsslich herumätzend. Der Roman »Ich der Kater« gilt als eines der Meisterwerke der japanischen Moderne und hat in Japan Kultcharakter.

1922
Fürstin Koschka aus
»Das Katzenhaus« von Samuil Marschak

Das charmante in Reimen erzählte Katzenmärchen von Samuil Marschak (1887–1964) ist ein Klassiker der sowjetischen Kinderliteratur und erfreut sich bis heute größter Beliebtheit. Fürstin Koschka ist nicht irgendeine Katze, sie ist eine Dame. »Höchst feudal war ihr Stammbaum – sonder Tadel, ältester Angora-Adel!« Deshalb ist sie auch steinreich und wohnt in einem sagenhaften Prunkschloss. Ihre armen verwaisten Verwandten, zwei frierende Kätzchen, lässt sie trotzdem von ihrem Diener, dem alten Wassja, verjagen. So viel Hartherzigkeit muss natürlich bestraft werden. Das schöne Haus mit den Teppichen brennt ab, und plötzlich können Koschka und Wassja selbst sehen, wo sie im Regen bleiben ... Tili Bom!

1933
Saha aus »Eifersucht« von Colette

Eine Dreiecksbeziehung ganz eigener Art beschreibt Colette in ihrem Roman »La Chatte«. Ein junges Ehepaar und eine Katze. Alain liebt das Tier mit großer Hingabe, seine sich vernachlässigt fühlende Frau platzt vor Eifersucht. Saha, die schöne blaue Kartäuserin mit den goldenen Augen und dem Taktgefühl (auch darin unterscheidet sie sich von Camille), interessiert sich nur mäßig für das Drama, das ihre Anwesenheit provoziert. Als die verzweifelte Camille schließlich versucht, Saha durch einen Sturz vom Balkon im neunten Stock ihrer Pariser Wohnung zu töten (was diese überlebt), begreift Alain, dass es zu dritt keine Zukunft gibt. In aller Seelenruhe zieht er sich die Schuhe an, setzt er Saha in einen Weidenkorb und lässt seine Ehefrau kühl wissen: »Wir gehen.«

Entstanden 1928–1940 (veröffentlicht 1966)
Behemoth aus »Der Meister und Margarita« von Michail Bulgakow

Behemoth gehört zu den berühmtesten Katern der Literaturgeschichte. Er ist Teil der Entourage des Teufels, welcher in edlen Zwirn gewandet das Moskau der 1930er Jahre heimsucht und dort kräftig die Szene aufmischt. Behemoth immer fröhlich voraus. Der mannshohe sprechende Kater raucht, säuft, legt Feuer, exekutiert unangenehme Zeitgenossen und ist jederzeit zu (selten harmlosen) Streichen aufgelegt. Er ist zum Symbol für den Roman geworden: Wo immer Bulgakow gehuldigt wird, von Buchumschlag bis Wohnhaus – ohne Katze geht da gar nichts. »Der Meister und Margarita« verschwand nach dem Tod Bulgakows für knapp 30 Jahre in den Giftschränken der sowjetischen Zensur. Die Genossen vom KGB waren bekannt für Übereifer in Bezug auf vermeintliche literarische Brandsätze. Doch hier bewiesen sie gute Instinkte. Bulgakows Hauptwerk darf getrost als gemeingefährlicher Angriff auf das politische System gelten. Treffender ist die sozialistische Verplanungswirtschaft und das durchaus bedrohliche Gefasel vom Menschen neuen Typs selten karikiert worden.

1999–2007
Mrs Norris und Krummbein aus
»Harry Potter« von Joanne K. Rowling
(alle Bände)

Die berühmtesten literarischen Katzen der Welt – ganz unromantisch gemessen am Erfolg des sie beherbergenden Textes – sind zweifelsohne Mrs Norris (Katze des Hogwarts-Hausmeisters Mister Filch) und der wackere rote Krummbein (Haustier von Harry Potters bester Freundin Hermine Granger). Wobei Kater Krummbein streng genommen ein Halb-Kniesel ist, was aber nicht weiter ins Gewicht fällt. Er ist lediglich sehr groß und hat ein eingedelltes Gesicht, als wäre er »gegen eine Backsteinmauer gerannt«. Aber davon können ja bekanntlich auch Perserkatzen ein Lied singen.

Krummbein heißt im englischen Original Crookshanks, der rote Perser [sic!], der ihn in den Verfilmungen darstellt, Crackerjack. Das ist nicht wichtig, aber irgendwie lustig. »Crackerjack ist Crookshanks«, versuchen Sie das mal fehlerfrei fünfmal nacheinander zu sagen. Am besten angetrunken. Mrs Norris, eine amtliche Petze, ist übrigens nach einer ebenso unsympathischen Figur von Jane Austen benannt.

Seit 1989
Francis aus »Felidae«
(und bisher 7 Folgebänden) von Akif Pirinçci

Kinder können nichts für die Verfehlungen ihrer Eltern. Ob das in gleichem Maße für Romanfiguren und ihre Erschaffer gilt, ist umstritten. Auch bei Francis, einem der lustigsten Vertreter der literarisch weitverbreiteten Spezies Klugscheißerkater, ist diese Frage bisher unbeantwortet. Er stammt aus der Feder des Schriftstellers Akif Pirinçci, der sich in den letzten Jahren dadurch hervortat, mit Schaum vor dem Mund auf Einwanderer, Schwule und Frauen loszugehen. So ganz aus der Kalten kam das nicht. Gleich im ersten (und einzig richtig guten) Teil der Katzenkrimi-Reihe bekommt es Sprücheklopfer Francis mit einem durchgeknallten Rassenfanatiker zu tun. Quasi Blut und Boden auf Kätzisch. Dabei war man selbstverständlich davon ausgegangen, der Autor stehe aufseiten seines Helden. So kann man sich irren.

1995
Nero Corleone aus »Nero Corleone« von Elke Heidereich

»Herr, bitte!«, herrscht Nero die anderen Tiere auf dem Hof an, als er sechs Wochen alt ist. Seitdem heißt er Don Nero Corleone. Und ein Löwenherz hat er in der Tat, der kleine Schwarze mit der weißen Pfote, der an einem stürmischen 17. November in Italien zur Welt kommt. Von dort bringen er und seine schielende Schwester Rosa es (im Auto der gutherzigen, aber etwas einfältigen Isolde und ihres wackeren Gatten Robert) bis nach Köln, in das Land von Lothar Matthäus! Mit »Nero Corleone« hat Elke Heidenreich eine der großartigsten Katzengeschichten des 20. Jahrhunderts verfasst, voller Witz und Wärme.

 Jokerwissen

Sagen wir, wie's ist: Den Literaturnobelpreis wird Rita Mae Brown (*1944) nicht bekommen. So viel steht fest. *Cozy mysteries*, niedliche Krimis, nennt man das Genre, das sie mit ihrer getigerten Katzendetektivin Mrs Murphy seit 1990 alljährlich bedient. Unterhaltsame Massenware mit Puschelschwanz, Freunden der leichten Kost unbedingt zu empfehlen. Künstlerischer Anspruch hin oder her, in die Reihe der literarischen Katzen gehören Mrs Murphys Abenteuer trotzdem, denn nicht viele Bücher können eine echte Katze als Coautor vorweisen! Sneaky Pie Brown steht konsequent auf jedem Buchdeckel – klar, lautet das Erfolgsrezept von Rita Mae Brown doch: »Um den purr-fekten Krimi zu schreiben, braucht es schon eine Katze.«

Berühmte Katzencomics

Gerührt ist nicht geschüttelt – aber ein Martini bleibt es dennoch. Dasselbe gilt für Comics: Gezeichnet ist nicht gedichtet, aber Kunst ist es trotzdem. Nicht selten sogar waschechte Literatur. Das nennt man dann Graphic Novel. Katzen mit Sprechblasen kommen seit 100 Jahren in allen Variationen und mit jedem denkbaren Intelligenzquotienten vor. Wer es nicht probiert hat, soll es nicht verachten. Eine Übersicht herausragender Katzencomics von »Garfield« bis »Maus«.

1913–1944
»Krazy Kat« – von George Herriman (USA)

George Herriman (1880–1944) hat Anfang des vergangenen Jahrhunderts nicht nur den Katzencomic im eigentlichen Sinne (und Lolspeak gleich dazu!) erfunden, der Zeitgenosse der großen Surrealisten hat die Bühne auch gleich mit einem veritablen Rollentausch betreten. Die etwas einfältige, harmlose Katze Krazy ist unsterblich verknallt in Mäuserich Ignatz, der ihre Gefühle allerdings nicht erwidert. Im Gegenteil, der bösartige Nager nutzt die Zuneigung der Katze, um ihr unentwegt Ziegelsteine an den Kopf zu werfen – wofür er von Offissa Pupp, einer seinerseits in Krazy verschossenen Bulldogge, regelmäßig verhaftet wird. Also alles wie im richtigen Leben.

1973
»Heathcliff« – von George Gately (bis 2001) und Peter Gallagher (ab 2001) (USA)

Vor Garfield gab es Heathcliff. Der ist zwar auch rot und rund, aber im Unterschied zu Garfield ist er weder träge noch ein Klugscheißer. Letzteres mag lediglich daran liegen, dass Heathcliff nicht spricht (das tat er erst in den später entstandenen zwei Fernsehserien). Doch während Garfield im Wesentlichen mit der Unbill des Lebens hadert, treibt Heathcliff mit seinen Streichen alle in Westfinster in den Wahnsinn. Ob Fischverkäufer, Müllabfuhr, Milchmann, Hafenarbeiter, die städtischen Hunde oder Herrchen Nutmeg – alle stehen sie auf seiner Liste. Nur bei Sonja, seiner Liebsten, da tut er, als könne er kein Wässerchen trüben.

seit 1978
»Garfield« – von Jim Davis (USA)

Garfield ist DER dicke rote Kater schlechthin. Der verfressene, faule, vorlaute Egozentriker mit Hang zum Pessimismus, dessen Vorliebe für Lasagne bereits obsessive Züge trägt und der nichts so sehr hasst wie Montage, ist in seiner unnachahmlichen Art für viele gar der Inbegriff einer verwöhnten Katze – was sehr unfair ist, denn in Wirklichkeit sind den meisten Katzen Wochentage völlig gleich. Laut Guinnessbuch der Rekorde ist er der am weitesten verbreitete Comicstrip des Planeten, er erscheint in über 2500 Zeitungen weltweit.

1980–1991
»Maus« – von Art Spiegelman (USA)

In »Maus« erzählt der New Yorker Art Spiegelman die Geschichte seiner polnisch-jüdischen Eltern, beide Auschwitzüberlebende. Spiegelman besetzt seine Protagonisten gegen die übliche Tiermetaphorik: die Juden sind Mäuse, die Nazis Katzen – obwohl der deutsche Schäferhund ja nun mehr als nahe gelegen hätte (Sitz, Blondie!). Das greift die übliche NS-Propaganda auf, in der Juden mit Ratten verglichen wurden, deren natürlicher Feind nunmal die Katze ist. Doch in der Tiersymbolik steckt noch mehr. Katzen sind niemandes Untertan. Hätte Spiegelman die deutschen Täter als Hunde dargestellt, wäre das sinnbildlich einer Entlastung gleichgekommen. Hunde sind hörige Rudeltiere, Katzen dagegen verantworten ihre Entscheidungen immer persönlich.

Art Spiegelman erhielt für »Maus« 1992 den Pulitzer-Preis. Es war das erste Mal, dass die wichtigste literarische Auszeichnung der USA an eine Graphic Novel vergeben wurde. Ein Ritterschlag nicht nur für Spiegelman, sondern auch für die Kunst des Comics.

seit 1981
»Billy the Cat« – von Stéphane Colman und Stephen Desberg (Belgien)

Für Billy sind die Dinge dumm gelaufen: Der Junge hat sich schlecht benommen, ständig Tiere gequält, und deswegen wird ihm, nachdem er bei einem Autounfall stirbt, der Zutritt zum Himmel verwehrt.

Aber er bekommt eine zweite Chance. In Katzengestalt darf er auf die Erde zurückkehren und sich bewähren. Was er seit nunmehr 35 Jahren tapfer tut. Billy war kein guter Mensch, aber er wird ein guter Kater. Bildungsroman mal anders.

seit 1983
»Le Chat« – von Philippe Geluck (Belgien)

Der schlips- und anzugtragende Kater des belgischen Zeichners Philippe Geluck hat es, sehr zu Unrecht, nie so richtig über den französischen Sprachraum hinaus geschafft. Dort allerdings ist er ein Star. Der dicke, plattfüßige Kater mit der riesigen Knubbelnase hat zu allem eine klare Meinung und wird nicht müde, diese auch kundzutun. Dabei sagt er, in der ihm eigenen Bescheidenheit, so Dinge wie: »Die Katze ist das faszinierendste aller Tiere. Und das sage ich nicht, weil ich ein Kater bin. Das sage ich, weil ich das faszinierendste aller Tiere bin.«

seit 1999
»Get Fuzzy« – von Darby Conley (USA)

Bucky B. Katt ist ein zynischer, egoistischer, notorisch schlechtgelaunter Siamkater, der mit Herrchen Rob und dem treudoofen Hund Satchel in einer Wohnung in Boston lebt. Wer da das Sagen hat, ist ja wohl klar. Dem finsteren Bucky dabei zuzusehen, wie er alle drangsaliert und schulmeistert, ist einfach großartig. Darby Conley selbst bezeichnete Bucky mal sehr treffend als eine Kreuzung aus Siamkatze und Kettensäge.

seit 2000–2013
»Blacksad« – von Juan Díaz Canales und Juanjo Guarnido (Spanien)

Der in Spanien zur Welt gekommene Privatdetektiv John Blacksad ist so eine Art Philip Marlowe in Katergestalt (was sowohl Marlowe als auch seinen Erschaffer Raymond Chandler erfreut hätte, beide waren amtliche Katzenfans). Die Handlung der nur blass kolorierten und dadurch fast schwarzweiß wirkenden Krimi-Reihe spielt in den 1950er Jahren in den USA. Die ganze Szenerie wirkt, als sei sie einem typischen Hollywoodset dieser Zeit entlehnt. Die Figuren sind durchweg klassisch anthropomorphe Tiere. Das heißt, sie haben zwar Tiergesichter, benehmen sich aber wie Menschen.

seit 2001
»Die Katze des Rabbiners« –
von Joann Sfar (Frankreich)

Algerien in den 1920er Jahren. Ein neunmalkluger
Kater, der genau genommen nicht dem Rabbi, sondern seiner Tochter gehört, schnappt sich eines Tages
den nervtötenden Hauspapagei und kann nach
Verzehr des Vogels, o Wunder, plötzlich sprechen.
Diese Gabe nutzt er, um allerlei Ansprüche zu er-
heben und dreiste Fragen zu stellen. Da er im Haus
eines Rabbiners lebt, drehen sich die Gespräche
meist um Religion. Das Thora-Studium wird dem
Kater noch gestattet, doch bei der Bar-Mizwa hört
der Spaß auf. Aber so leicht lässt sich eine Nervensäge seines Kalibers natürlich nicht abspeisen, und so
nimmt denn alles seinen Lauf …

seit 2004
»Kleine Katze Chi« – von Konami Kanat (Japan)

Ganz was Niedliches. Kleine Katze mit Kulleraugen
verliert beim Spazierengehen die Mama und braucht
nun ein neues Zuhause. Das findet sich an der Seite
des Jungen Yohei und seiner Eltern. Von da an wird
alles wieder gut (abgesehen von Chis anfänglichem
Problem mit der Sauberkeit, weswegen das Tier auch
den Namen »Pullerchen« bekommt).

Katzen sind ein äußerst beliebtes Motiv in Mangas. Als Tier an sich genau wie in anthropomorpher Form. Chi allerdings ist wirklich nur ein Kätzchen. Mauz.

 Jokerwissen

»Petterson und Findus« ist natürlich kein Comic, sondern eine umfangreich bebilderte Kinderbuchreihe aus Schweden. Aber mal ehrlich – nur mit seinen Texten hätte Sven Nordqvist nicht die kleinste Primel gewonnen. Das, was die Geschichten um den alten Petterson und seinen kleinen, frechen Kater Findus (benannt nach einem Konservenhersteller) so umwerfend macht, sind die Illustrationen. Deshalb erhält Findus, nur echt mit grüngestreifter Hose und Käppchen, hier eine Ehrenerwähnung.

DIE BESTEN KATZENZITATE

Immer wenn man ein Tier genau betrachtet,
hat man das Gefühl, ein Mensch, der drin sitzt,
macht sich über einen lustig.

(Elias Canetti)

Mit Zitaten ist das so eine Sache. Wenn man nicht weiß, von wem eins wirklich ist, setzt man offenbar einfach irgendeinen berühmten Namen darunter, der passen könnte. Das schreiben dann alle fleißig voneinander ab, und am Ende schwebt eine gigantische Wolke unbelegter, aber irgendwie dennoch berühmter Worte durch die Welt. Katzenbonmots machen da keine Ausnahme.

Wie bei dem beliebten »Gott schuf die Katze, damit der Mensch einen Tiger zum Streicheln hat«. Meistens muss Victor Hugo herhalten, aber auch Joseph Méry und Rudyard Kipling sind im Gespräch. Ja, wer war's denn nun?

Oder »Die Menschheit lässt sich grob in zwei Gruppen einteilen: in Katzenliebhaber und in vom Leben Benachteiligte«. Ein großartiger Satz – aber von Petrarca, dem er mit Beharrlichkeit nachgesagt wird, stammt er nicht. Es ergibt sich schon allein aus

Syntax und Witz deutlichst, dass diese Erkenntnis nicht auf das 14. Jahrhundert zurückgeht.

Bei Edgar Allen Poe gar haben sich Experten die Mühe gemacht und kürzlich nachgewiesen, dass dessen berühmtes Katzenzitat »Ich wünschte, ich könnte so geheimnisvoll schreiben wie eine Katze« ebenfalls ein Kuckuckskind ist.

Hier eine kleine Auswahl an Katzenzitaten mit tadelloser Herkunft.

Wenn ich mit meiner Katze spiele, wer weiß,
ob sie sich nicht mehr mit mir die Zeit vertreibt
als ich mir mit ihr?
(*Michel de Montaigne, aus:* Essays, *zweiter Band, 1580*)

Die Freundschaft einer Katze zu gewinnen ist kein leichtes Unterfangen. Sie ist ein philosophisches Tier, brav und geruhsam, hängt an ihren festen Gewohnheiten, schätzt Ordnung und Reinlichkeit. Sie verschenkt ihre Zuneigung nicht leichtfertig und nur, wenn Sie ihrer würdig sind. Sie will Ihr Freund sein, nicht Ihr Sklave. Bei aller Zärtlichkeit bewahrt sie sich ihre Freiheit und würde nichts Unterwürfiges tun. Aber wenn Sie einmal ihr Vertrauen erworben haben, ist die Katze ein wahrer Freund fürs Leben.
(*Théophile Gautier, aus:* Ménagerie intime, *1869*)

Es gibt nichts Weicheres, nichts, was sich feiner, zarter und wertvoller anfühlt als das Fell einer Katze.
(Guy de Maupassant, aus: Über die Katzen, *1886)*

Ein Heim ohne Katze, ohne eine gutgenährte, oft gestreichelte Katze, mag vielleicht ein perfektes Heim sein. Aber wie wollte es das schon beweisen?
(Mark Twain, aus: Knallkopf Wilson, *1894)*

Die Selbstachtung einer Katze ist außerordentlich.
(Christian Morgenstern, aus: Stufen, *1907)*

Eine Katze ist niemals vulgär.
(Carl Van Vechten, aus: The Tiger in the House, *1922)*

Manche Leute folgern aus der Undressierbarkeit der Katze, dass sie weniger intelligent sei als der Hund. Damit geben sie eine Kostprobe von ihrer eigenen Intelligenz. Sie schlafen mit offenen Augen, und wir wollen sie nicht wecken.«
(Erich Kästner, aus: Meine Katzen, *1959)*

Wenn ein Fisch die Bewegung des Wassers verkörpert, ihr Form verleiht, dann ist die Katze Diagramm und Muster der so viel feineren Luft.«
(Doris Lessing, aus: Katzenbuch, *1967)*

Versuche niemals, dickköpfiger zu sein
als eine Katze.
(Robert A. Heinlein, aus: Die Leben des Lazarus Long,
1973)

Der einzige Nutzen der Katzen liegt darin, bewegliche Dekorationsgegenstände zu sein, ein Konzept, dass ich intellektuell interessant finde, doch der Bauch unserer Katzen hängt zu sehr, als dass es auf sie angewendet werden könnte.

Meine Mutter, die den ganzen Balzac gelesen hat und Flaubert bei jedem Abendessen zitiert, demonstriert tagtäglich, wie sehr das angeeignete Wissen eine gewaltige Hochstapelei ist. Man braucht sie nur mit den Katzen zu sehen. Sie ist sich deren dekorativen Potentials vage bewusst, und doch versteift sie sich darauf, wie mit Personen mit ihnen zu sprechen, was ihr bei einer Lampe oder einer etruskischen Statuette nicht im Traum einfallen würde.

(Muriel Barbery, aus: Die Eleganz des Igels, *2006)*

WAS KATZE MEINT UND
WAS DER MENSCH VERSTEHT

Von Katzen versteht niemand etwas,
der nicht selbst eine Katze ist.

(Natsume Sôseki)

Der klassische Dialog zwischen einer Katze und ihrem Menschen geht so:

Mensch: Nein.

Katze: DOCH!

Für die Katze ist die Diskussion damit meist beendet. Aber es gibt noch mehr Missverständnisse.

Pfote heben

Mensch: Sie winkt!

Katze: Pass bloß auf, du, noch einen Schritt, und es setzt was! Letzte Verwarnung!

Köpfchen geben

Mensch: Eh, Kopfnuss, oder wie?

Katze: Ich mag dich.

Langsames Blinzeln

Mensch: Sie hat was im Auge!
Katze: Küsschen, Schatz, ich dachte, ich lächle mal.

Auf dem Teppich rollen

Mensch: Sie hat Flöhe, wir müssen zum Tierarzt.
Katze: Oh, geht's mir bombig, nein, ist das schön hier, ach, was hab ich es doch gut!

Fauchen

Mensch: Das Tier ist aber aggressiv!
Katze: Ich hab keine Angst vor dir, ich hab keine Angst vor dir, ich hab so eine wahnsinnige, schreckliche Angst vor dir. Was mach ich bloß?!

Um die Beine streichen

Mensch: Sie mag mich.
Katze: So, Eigentum markiert. Dass mir da keine Missverständnisse aufkommen: Du gehörst mir!

Treteln

Mensch: Sie trainiert Marschieren.
Katze: Das is ja wie bei Mama hier! So weich und sooo gemütlich!

Miauen

Mensch: Sie spricht Katzensprache.
Katze: Hallooo? Menschensprache! Eigens gelernt (oder hat man jemals zwei untereinander miauende Katzen gehört?), und der versteht trotzdem nicht, was ich von ihm will. So ein Trottel!

Anstarren

Mensch: Ja, schau mir in die Augen, Kleines!
Katze: Der rafft's nicht. HAU AB! Jetzt droh ich schon seit 2 Minuten, und der reagiert nicht. Muss ich wirklich erst unhöflich werden?!

Fixieren von Gegenständen

Mensch: Sie bewundert die Einrichtung.
Katze: WÜRDEST DU DICH JETZT VIELLEICHT ENDLICH MAL BEQUEMEN UND MIR DAS DA geben/ öffnen / hinlegen / wegschieben / freiräumen …

🐱 Jokerwissen:

Katzen gehen sehr gern zielgerichtet auf diejenigen Menschen zu, die ihnen mit Ablehnung oder wenigstens (wie viele Allergiker notgedrungen) mit Abstand begegnen. Kein Wunder, legen diese doch, in den Augen der Katze, ein ausgesucht höfliches Benehmen an den Tag: Kein Anstarren, kein Ansprechen, kein Anfassen. Vorbildliche Zurückhaltung – auf Kätzisch nichts anderes als eine liebenswürdige Einladung zu entspanntem Miteinander. Der Klassiker unter den Missverständnissen.

Und sehr leicht zu beheben. Wer Kontakt mit Katzen nicht wünscht, muss sich beim Betreten des Raumes nur wie ein hysterischer Katzenfanatiker gerieren. Also möglichst laut und ungeschickt auf das Tier losgehen. Schon ist das Problem gelöst. Diesen Gast wird die Katze so schnell nicht mehr behelligen.

DER SCHWANZ DER KATZE –
UND WAS ER UNS SAGT

> Es ist aber bei uns ausdrücklich verboten,
> ihn am Schwanz zu ziehen. Er hat den Schwanz allein zur
> Pflege höherer Eleganz, nicht aber als Griff zum Anfassen,
> und überhaupt, es gibt Schonzeiten.
>
> *(Felix Riemkasten)*

Katzen gelten als Großmeister des Pokerface, weil sie denselben Gesichtsausdruck aufsetzen, egal, ob sie einem Axtmörder oder dem Postboten gegenüberstehen. Das Einzige, was daran stimmt, ist, dass der Unterschied zwischen Axtmörder und Postbote für die Katze ziemlich unerheblich ist. Es sei denn, der Axtmörder ist hinter ihr her … Zwar verziehen Katzen, vom Zähnefletschen beim Fauchen mal abgesehen, tatsächlich so gut wie keine Miene – was sie fühlen, kann man aber trotzdem leicht erkennen. Mimik ist schließlich nicht alles. Bei Katzen lohnt sich stattdessen der Blick auf Ohren und Schwanz.

Was die flinken, hochempfindlichen Katzenohren angeht (die sich unabhängig voneinander wie kleine Parabolantennen in alle Richtungen bewegen können), gestaltet sich die Sache relativ einfach. Solange sie nicht angelegt sind, ist die Welt einigermaßen in

Ordnung. Schieben sie sich seitlich flach nach hinten, ist dagegen Vorsicht angesagt. Da wird gerade jemand wütend …

Die Signale des langen, weichen Katzenschwanzes, der nicht nur als Gleichgewichtsruder, sondern auch als Stimmungsbarometer fungiert, sind diffiziler – und mindestens so aussagekräftig wie die Mimik des Menschen. Man muss sie nur zu deuten wissen.

Hier ein paar der wichtigsten Mitteilungen, die ein Katzenschwanz gibt.

Senkrecht aufgestellt wie ein kleiner Fahnenmast

Katze ist selbstbewusst und in Begrüßungslaune:
Hallo! Da bist du ja, wie geht's dir denn, schön dich zu sehen! (Wenn dabei noch das obere Drittel des Schweifs zuckt, Gratulation, sind Sie der Lieblingsmensch!)

Zum Fragezeichen geschwungen

Katze ist voller Tatendrang und zum Spielen aufgelegt:
Boah, hab ich eine gute Laune – also los jetzt: komm, HER MIT DEN BÄLLCHEN!

Leicht zuckend und wedelnd

Katze ist erregt und konzentriert. Vielleicht springt sie gleich ihre Beute an, vielleicht steht sie auch vor einem Konflikt oder unter zu vielen Eindrücken und ist unsicher, wie sie sich entscheiden soll:
Gleich, gleich, gleich, gleich, gleich – oh, was ist das Prickeln der Aufregung schön … Gleich!

Peitschend

Katze ist in einem extremen Erregungszustand und sehr genervt:
Ich hab dich gewarnt. Noch einen Schritt, Freundchen, und ich greif an. Siehst du die hier? Messerscharf – und riechen nach Friedhof.

Zu einer amtlichen Flaschenbürste geplustert

Katze hat Angst und blufft deshalb:
Ich fürchte mich nicht vor dir, ich bin nämlich riesengroß und mach dich jetzt kalt! Oder warte, ich hab doch Angst, ich hab Angst, ich ahhhhh … Kann das denn hier niemand mal bitte beenden? Ich fürchte mich so!

Nach unten gesenkt
und zwischen die Hinterbeine geklemmt

Der Katze ist furchtbar verängstigt und will nur noch in Ruhe gelassen werden. Sie kann auch ernsthaft krank sein oder Schmerzen haben:
Es geht mir so schlecht, ich hab nicht mal mehr Kraft für Gegenwehr. Bitte lass mich und hol Hilfe.

Waagerecht aufgestellt mit leicht erhobener
Schwanzspitze, kann dazu etwas lustlos schwingen

Katze möchte nicht gestört werden:
Menno, lass mich doch mal. Out of Office! Hab grad echt Wichtigeres zu tun, als mich um dich zu kümmern. Oder siehst du etwa die Wollfluse dahinten nicht?!

In einem großen Radius
leicht nach oben schwingend

Katze ist neugierig und für alles offen, was ihren Weg kreuzt:
So ein Tag, so wunderschön wie heute … Oooh, was ist das denn? Nix wie hin.

Locker herunterhängend

Katze ist ausgeglichen und entspannt:
Ich lauf hier einfach nur so lang. Alles paletti.

Um den eigenen Körper oder den eines anderen Tieres (inklusive Mensch) gewickelt

Katze ist vollkommen entspannt. Oder hat als Bonus sogar noch jemanden in ihrer Nähe, den sie sehr mag:
Ach ja, ich bin zufrieden. Sehr, sehr zufrieden. Was für ein Leben! Und dass ich diesen Moment mit dir teilen kann, mein Freund, macht ihn noch schöner.

ZUSAMMENLEBEN MIT KATZEN

Eine Katze hat vierzig Millionen Haare: fünf Millionen auf dem Rücken, zehn Millionen auf dem Bauch und fünfundzwanzig Millionen auf dem Sofa.

(Midas Dekkers)

Life Hacks for cats – verblüffende Tricks, die Katzen den Alltag erleichtern

Füttere deiner Katze nie etwas, das farblich nicht zum Teppich passt.

(Alte Katzenhalterweisheit)

Komm nie, wenn jemand deinen Namen ruft! Warte stattdessen im Verborgenen ab. Erstens bist du kein Hund, und zweitens wird früher oder später mit der Leckerli-Büchse geklappert. Dann erst ist die Zeit reif – und du rennst los. Auf diese Weise richtest du den Menschen einfach und effektiv darauf ab, dein Erscheinen stets zu belohnen.

Friss auf keinen Fall einfach das, was man dir vorsetzt! Du vergibst dir damit wichtige Chancen. Wenn du ausreichend lange um den vollen Napf herumschleichst und klagst, bekommst du etwas anderes. Es könnte besser sein. Außerdem stellt nur anhaltendes Mäkeln die Dankbarkeit deines Menschen sicher, wenn du endlich etwas zu dir nimmst. Dankbarkeit ist wichtig! Nicht nur, weil dankbare Menschen am freizügigsten mit Leckerlis umgehen, sondern auch, weil Dankbarkeit Abhängigkeiten schafft. Und katz weiß nie, wann miez die mal braucht.

Ignoriere den Kratzbaum! Benutze stattdessen das Sofa und Holzmöbel. Damit schlägst du gleich drei Fliegen mit einer Klappe: Du wetzt die Krallen, hinterlässt deine Marke und hast schlagartig die volle Aufmerksamkeit deiner Menschen. Das kannst du später gezielt einsetzen, um dir Wünsche zu erfüllen. Etwa, um außerhalb der üblichen Zeiten, sagen wir vor fünf Uhr morgens, noch mal herausgelassen zu werden. Oder gefüttert. Oder einfach, um nicht allein zu sein im Wohnzimmer während der Nachtruhe. Auch ein kurzer Gruß kann stimmungsaufhellend wirken.

Sorge für genügend Schlaf! Nur eine ausgeruhte Katze kann nachts Glasmurmeln über das Parkett rollen, auf dem Bett Trampolin springen oder mit den Zehen der Menschen fröhlich Fangen spielen.

Lerne, womit der Mensch hört. Nur, wenn du die Position der Ohren richtig bestimmst, kannst du dich später korrekt auf dem Kopfkissen platzieren, um laut hineinzuschreien. Effizienz ist alles. Je heftiger sie erschrecken, desto sicherer stehen sie auch auf – womit du dir wiederum umgehend und ausreichend Platz im warmen Bett verschafft hast. Herzlichen Glückwunsch!

Sorge dafür, dass alle Türen stets geöffnet bleiben. Toleriere unter keinen Umständen geschlossene Räume. Nur so hast du stets alles im Blick. Mach Kontrollgänge und mahne Verstöße gegen die Türverschlussordnung sofort an. Egal, um welche Uhrzeit. Kratze daran, schreie laut und trommle dagegen – bis jemand aufsteht, um zu helfen. Im Notfall lerne, selbst Klinken zu benutzen. Das macht dich unabhängig.

Selbstverständlich gehst du keine Verpflichtung ein, durch eine soeben geöffnete Tür auch hindurchzulaufen. Achte darauf, dass die Menschen das nicht vergessen! Wende dich desinteressiert ab, sobald die Tür für dich geöffnet wurde. Oder bleib bewegungslos in der Mitte, auf der Schwelle stehen. Oder durchschreite die Tür und kehre sofort wieder um. Insbesondere wenn die Tür hinter dir wieder geschlossen wurde, solltest du prompt um Wiedereinlass bitten. Es ist unwichtig, ob die Menschen Sinn darin sehen, wichtig ist nur, dass sie lernen, deine Gebote nicht zu missachten. Das ist immer noch dein Haus!

Achte darauf, dass du die Streicheleinheiten erhältst, die dir zustehen! Unterbinde jeden Versuch deines Menschen, in Ruhe zu lesen. Insbesondere wenn er dazu entspannt auf dem Sofa oder im Sessel sitzt. Denn das geht alles von DEINER Zeit ab! Gewinne seine Aufmerksamkeit umgehend zurück. Setz dich auf das Buch! Spring in die Zeitung! Dräng dich zwischen ihn und das Papier. Heckseitig zum Menschengesicht. Das wirkt immer.

Nutze die Anwesenheit von Gästen, um Ausnahmen zu erwirken. Menschen ist die Demonstration ihrer mangelnden Autorität peinlich. Ziehe daraus deinen Vorteil. Mit etwas Glück lassen sich auf diese Weise die Hausregeln aufweichen. Steter Tropfen höhlt den Stein. Bettle um Häppchen von der Tafel. Spring auf den Tisch. Spiel mit der verbotenen Gardinenkordel. Schnapp dir das Strickzeug. Leg dich in die Bügelwäsche. Wirst du zurechtgewiesen, schaue verdutzt. Oder gekränkt. Am besten beides. Wichtig ist nur, dass vor den Gästen der Eindruck entsteht, sonst dürftest du das auch.

Rufe deinen Menschen regelmäßig in Erinnerung, was für ein wunderbares, stilles, liebenswürdiges Wesen du hast und wie friedlich sich das Leben an deiner Seite gestaltet. Zu diesem Zweck führe einmal täglich 5 Minuten lang einen Abschreckungs-Derwischtanz auf. Rase wie von der Tarantel gestochen durch sämtliche Räume in der jeweils längstmöglichen Sprintachse. Ramme jeden Stuhl, zerfetze das Sofa, reiße Tischdecken mit dir und wirf den Mülleimer um. Halte dann ein und begib dich in aller Ruhe auf einen Schlafplatz. Dort putze dich und sieh den Menschen an, als sei nichts geschehen. Dann erst schätzt er dich richtig.

Life Hacks for humans –
Überlebenshilfe im Alltag mit Katzen

Katzen und Dressur stehen keineswegs im Widerspruch zueinander. Eine gute Katze kann in wenigen Tagen so ziemlich jeden dressieren.

(Graham Cooper)

Das mit Hausregeln ist bei Katzen so eine Sache. In allen Sprachen und jedem Land kennt man die berühmten Katzenvorschriften und ihre Aufweichung innerhalb kürzester Zeit:

Montag: Die Katze darf nicht auf die Möbel.

Dienstag: Na gut, die Katze darf auf die Möbel, aber NICHT auf die Küchenanrichte.

Mittwoch: Okay, die Katze darf auf die Küchenanrichte, aber NICHT während daran Essen zubereitet wird.

Donnerstag: Also gut, die Katze darf, wann sie will, wohin sie will, solange sie nicht morgens um 5.30 Uhr rumkrakeelt und Futter verlangt.

Ab Freitag: Die Katze wird um 5.30 Uhr gefüttert.

Allerdings sind Katzen nicht prinzipiell Anarchisten. Sie halten sich durchaus an Vorschriften – solange sie darin einen Grund sehen. Also ist es sinnvoll, ihnen immer einen zu liefern.

Timing ist alles. Katzenerziehung funktioniert ausschließlich in flagranti. Und sowieso nur mit viel Geduld, gutem Willen und einem souverän balancierten Nervenhaushalt aufseiten des Erziehers. Also durchatmen und ommm … Als Alternative bleibt einem ja zur Not immer noch das Aufgeben. Aber nicht vergessen: *Die Katze wird um 5.30 Uhr gefüttert!* Das gilt auch sonn- und feiertags.

Nein!

Kleines Wort, große Wirkung. Tatsächlich reagieren Katzen, vor allem, wenn sie es von Anfang an lernen, sehr genau auf ein entschiedenes *NEIN!* des Menschen!

Funktioniert immer. Garantiert mindestens 5 Sekunden lang. Wird das *NEIN!* von einem kräftigen Klatschen der Hände begleitet, tut es sogar noch etwas mehr Wirkung. Ungefähr 15 Sekunden.

Die Büchse der Pandora

Katzen haben empfindliche Ohren. Sie hassen Krach. Deshalb kann man sie mit solchem wirkungsvoll von Dingen abhalten, die sie nicht tun sollen. Am besten eine kleine Metalldose mit Nägeln füllen, Deckel rauf und bei Bedarf kurz (es geht nur um einen heilsamen Schreck, nicht um ein geplatztes Trommelfell!) und beherzt losrasseln. Katzenproblem gelöst. Nachteil: Sobald der Lärm vorbei ist, kommt die Miez wieder um die Ecke – und sobald der Klapperer aus dem Haus ist, macht sie sowieso, was sie will …

Katzennase anpusten

Klingt für Katzen wie das Fauchen einer 2-Meter-Katze und hat exakt diese Wirkung. Ahhhhhh! Einfaches und effektives Mittel zum Setzen von Grenzen, das Miez noch von zu Hause bei Mama kennt. Aber Vorsicht: nur selten und gezielt benutzen. Alles andere tut der Bindung nicht gut. Pusten und Fauchen ist für die Katze wie angeschrien werden. Führt bei uns ab einem überschrittenen Limit auch nur noch zu Frust …

Kalte Dusche

Wasserzerstäuber mögen sie nicht, die kleinen Racker. Weder das Geräusch noch das Nass. Wenn man schnell ist und die Katze nicht bemerkt, von wem die plötzliche Brause ausgeht, ist sie noch wesentlich wirkungsvoller. Denn wenn der Mensch als Verursacher nicht in Erscheinung tritt, dann war's ja wohl die doofe Gardine selbst, die hier Wasser verspritzt. Katzenlogik.

Ablenken

Filzlatschen, Wollknäuel oder zerknülltes Papier nach der Katze zu werfen ist völlig sinnlos. Sie springt kurz zur Seite, um sich dann weiter dem zu widmen, was verhindert werden sollte. Oder sie missversteht das Ganze gleich als Aufforderung zum Spiel. Im schlechtesten Fall sogar als Belohnung für ihr vorheriges Benehmen. Dann lieber gleich mit *Nein!* disziplinieren, kurz rausgehen und danach wirklich zum Spiel bitten. Das ist ja auch viel spannender, als die Fäden aus Papas gutem Sonntagsanzug zu ziehen.

Obwohl …

Klebestreifen

Ihhh, bah, was ist das denn?!? Katzen mögen nichts, was klebt. Aber sie schalten sehr schnell und merken sich unangenehme Erfahrungen. Deshalb ist beidseitiges Klebeband ein hervorragendes Mittel, No-go-Areas zu schaffen. Die Glasvitrine, die Mahagonikommode oder auch die Sofalehne. Sobald die Katze verstanden hat, wo's überall klebt, kann man das Ganze wieder entfernen. Die Katze wird diese Stelle trotzdem fürderhin meiden. Sie ist ja nicht blöd.

Olfaktorische Katzenabwehr

Man soll sich da nicht täuschen lassen. Nur weil Urin oder Kot Katzennasen magisch anziehen, heißt das noch lange nicht, dass sie bei Gerüchen jeglicher Art schmerzfrei sind. Im Gegenteil, das empfindliche Riechorgan der Katze kann sehr gut zur Abschreckung eingesetzt werden. Katzen hassen zum Beispiel Zitronen oder Essig. Auch Zwiebelsaft törnt sie, vorsichtig formuliert, ab. Wenn man damit Möbel, Gegenstände oder Ecken besprüht, die für die Katze tabu sein sollen, funktioniert das ziemlich gut. Allerdings riechen wir das natürlich auch …

Schluss! Aus! Vorbei!

Manche Katzen neigen zum ganz wilden Spiel mit dem Menschen und haben dabei ihre Krallen nicht unter Kontrolle. Scheint es. Tatsächlich können sie sehr genau bestimmen, wann sie die kleinen Dolche ausfahren und wann nicht. Sehr effektiv ist es, das Spiel sofort zu beenden, wenn auch nur eine einzige Kralle sichtbar wird. *NEIN!*, erhobener Finger, abwarten. Und zwar konsequent. Die Katze spielt für ihr Leben gern mit ihren Menschen. Wenn das Timing sitzt, versteht sie sehr schnell, was hier den Spaß verdirbt – und lässt es.

Sofa-Abdeckung

Ich wetz mir die Krallen, wo ich will!!! Jaja, schwieriges Problem. Wer weder kleben noch parfümieren noch mit Spritzpistole auf der Lauer liegen will, dem bleibt nur eins: billige Möbel kaufen und sie zum Krallenabschuss freigeben. Ganz ehrlich. Ansonsten helfen ein großes Angebot an Kratzbäumen und Sofaüberwürfe. An Decken macht das Kratzen nämlich keinen Spaß. Außerdem rutschen die Dinger dabei gerne vom Sofa und der Katze auf den Kopf. Das schätzt sie gar nicht.

Büfett abräumen

Ich fress das nicht!!! Wenn Katzen mäkeln, obwohl sie gestern von demselben Futter gar nicht genug bekommen konnten, dann hilft es enorm, die Futterecke auf dem Küchenfußboden einfach mal zu leeren. Trockenfutter, Feuchtfutter, alles komplett wegnehmen (außer dem Trinkwasser natürlich). Bei der Gelegenheit kann man auch gleich mal den ganzen eingetrockneten Schladdaradatz gründlich wegputzen. Nachdem die Katze ihre Überraschung wieder im Griff hat, wird sie irgendwann nachdrücklich um Nahrung bitten. Ruhig ein paar Stunden zappeln lassen! Danach mundet die verschmähte Futtersorte plötzlich wieder ganz hervorragend. Nicht zuletzt, weil die Katze auf diese Weise das angenehme Gefühl hat, sie hätte sich ihr Fressen endlich redlich erjagt. Da schmeckt's gleich doppelt so gut.

P. S. Die Katze in der leeren Wohnung hungern zu lassen hat natürlich keinen Erziehungseffekt. Das ist nur gemein.

Das beste Katzenspielzeug

Wenn Katzen nicht schlafen oder fressen, dann tollen sie am allerliebsten herum oder jagen. Sind weder Tobekumpel noch Beutetier zur Hand, wird ihr Leben schnell eintönig. Vor allem reine Wohnungskatzen neigen zu Langeweile. Deshalb gehört in jeden verantwortungsbewussten Katzenhaushalt wenn schon keine Zweitkatze, so wenigstens ausreichend Katzenspielzeug!

Das kann man selbstverständlich in jeder Art und jeder Preisklasse käuflich erwerben. Doch für Katzenspielzeug Geld auszugeben ist ungefähr so sinnvoll wie ein Laufband vor dem Fernseher, wenn man direkt am Park wohnt. Kann man machen, muss man aber der Typ sein …

Mal abgesehen davon, dass Katzen sich bei Geschenken sowieso mehr für die Verpackung als den Inhalt interessieren (The box always wins!), gilt für jede Katze ohne Ausnahme: Das beste Spielzeug ist das mit Mensch am anderen Ende. Alles andere macht nach 10 Sekunden keinen Spaß mehr …

Kostenlose und sehr effektive Katzenbelustigungen sind zum Beispiel:

Wackelnder Finger unter Decke versteckt
(Vorsicht: Attacke!)

Papier (zu kleinen Bällchen geknüllt
oder nur grob geknittert)

Vogelfedern

Wolle (egal, ob als Knäuel oder als Faden)

Haargummis

Bällchen aus Alufolie

Schnüre jeder Art
(es stört nicht, wenn sie knistern)

Daumengroße Säckchen aus Stoffresten gewickelt
(mit Baldrian beträufeln!)

Stöckchen mit Schnur, Stöckchen mit Schnur
und Feder, Stöckchen mit Schnur, Feder und
Zellophanfetzen, Stöckchen mit Schnur, Feder
und Zellophanfetzen und sonst was dran …

 Jokerwissen

Katzen verlieren schnell ihr Interesse an statisch her-
umliegenden Gegenständen. Wenn man das Katzenspielzeug abends einsammelt und wegräumt, dann ist

es in den Augen der Katze drei Tage später wieder na-
gelneu. Ein kleines Rotationssystem – und schon ist
für die Miez 365 Tage im Jahr Weihnachten. O du
fröhliche …

Abgesehen davon, kann man so auch nicht nachts
über Bällchen, Schnüre und Spielmäuse stürzen.
Oberschenkelhalsbrüche sind gerade bei älteren
Menschen schließlich keine Lappalie.

Worüber Katzenhalter ständig reden

- Wie klug ihre Katze ist.
- Wie schön ihre Katze ist.
- Wie lieb ihre Katze ist.
- Wie geschickt ihre Katze ist.
- Wie verspielt ihre Katze ist.
- Wie zärtlich ihre Katze ist.
- Wie listenreich ihre Katze ist.
- Wie eigensinnig ihre Katze ist.
- Wie lustig ihre Katze ist.
- Wie wunderbar einzigartig ihre Katze ist.

→ Mit anderen Worten: … wie typisch kätzisch
  ihre Katze ist.

Was Katzenhalter gern verschweigen
(und was sie antworten,
wenn man sie dennoch drauf anspricht)

- Dass sie sich nachts in artistischer Verdrehung um ihre Katze herumlegen und dabei schwere Rückenschäden riskieren.
  (Was soll's! Hauptsache, sie ist glücklich.)

- Dass sie ihre Möbelstücke längst aufgegeben und den Krallen der Katzen überantwortet haben.
  (So ein Quatsch! – Halt, Katze, nein, ohh, wirst du, na ja, ach egal …)

- Dass sie auf Zehenspitzen gehen und die Stimme senken, um ihre Katze nicht zu wecken.
  (Pssst! Nicht so laut – du siehst doch, dass sie schläft!)

- Dass sie mit ihren Katzen sprechen.
  (Ja, sicher, sie versteht mich wenigstens!)

- Dass sie ihren Katzen manchmal etwas vorsingen.
  (Es beruhigt sie eben.)

- Dass sie schon mal ihr Gesicht in das weiche Fell geschmiegt und geseufzt haben.
  (Das Leben ist schon trostlos genug, außerdem riecht sie so gut!)

- Dass sie bereits mehrfach barfuß in Katzenkotze getreten sind.
  (Dafür kann sie doch nichts.)

- Dass sie sehr wohl mit ihrer Katze das eigene Essen teilen.
  (Aber nur ganz, ganz, ganz selten. Höchstens einmal am Tag.)

- Dass sie wegen der Katze häufiger soziale Verpflichtungen und schon ganze Wochenendausflüge abgesagt haben.
  (Das kann man so nicht sagen. Das hatte ja immer auch ganz andere und außerdem und eigentlich und wie sollte ich das denn sonst …)

- Dass sich auch ihre Katze selbstverständlich an keine einzige Menschenvorschrift hält.
  (Ja, nun, sie ist halt eine Katze! Rom ist auch nicht an einem Tag demokratisiert worden.)

→ Mit anderen Worten: … dass sie ihren Katzen hoffnungslos und in blinder Verliebtheit ergeben sind.
So wie es sein soll.

Plätze, an denen Katzen nicht schlafen sollten, es aber ständig tun

Auf der Computertastatur – weil die so schön von unten wärmt.

Auf dem Handy und der Fernbedienung – weil man dabei interessiert beobachten kann, wie der Mensch beides verzweifelt sucht.

Auf dem Schoß des einzigen Katzenhassers im Raum – weil außer ihm meist kein Mensch weiß, wie man einer Katze höflich begegnet (nämlich durch würdevolles Abwenden).

In der Handtasche von Besuchern – weil's so schön nach draußen und eingetrockneten Essensresten riecht.

Auf den Topfpflanzen – ja, was? Dschungelfieber!

Im Babykörbchen (egal, ob mit oder ohne Baby darin) – Körbchen!

Nachts auf dem Kopfkissen / Gesicht / Hals / Brust / Seite / Bauch / Rücken / Knie / Fuß – weil die Menschen im Schlaf so schön laut schnurren.

Auf dem Stuhl, von dem man nur kurz aufgestanden ist – weggegangen, Platz verhangen!

Auf der frischen Wäsche, dem teuren neuen Schurwollmantel, dem gebügelten Flanellanzug für Opas Beerdigung – muss alles noch mit Eigengeruch bedeckt werden.

Im Koffer kurz vor dem Packen – the next best Pappkarton.

Auf dem Koffer unmittelbar vor der Abreise – vielleicht lassen sie sich ja doch erweichen und bleiben hier.

Gute Gründe, warum man sich (trotzdem) eine Katze anschaffen sollte

Ein englisches Sprichwort sagt: »Erst wer von einer Katze abgewiesen wurde, weiß wahrhaft, was es bedeutet, ignoriert zu werden.«

In der Tat lässt sich die Arroganz von Menschen im Vergleich zu der Gleichgültigkeit, die Katzen an den Tag legen können, geradezu lässig wegatmen. Keine schlechte Schule also für die Unbill der Welt. Aber es gibt noch andere gute Gründe, mit Katzen sein Leben zu teilen. Hier eine sehr, sehr, sehr kleine Auswahl.

- Weil sie einem zeigen, dass man nicht der Mittelpunkt des Universums ist.

- Weil sie das Geheimnis der Zeit kennen.

- Weil sie selbst entscheiden, wen sie mögen, und ihre Zuneigung unbestechlich ist.

- Weil sie nur ihrem Vergnügen folgen und damit ein wohltuender Ausgleich zur Leistungsgesellschaft sind.

- Weil sie einen mit ihrer Spielfreude ständig an das eigene innere Kind erinnern.

- Weil sie uns mit ihrer unerreichten Selbstbestimmung und Selbstachtung täglich Respekt abnötigen.

- Weil wir von ihnen lernen können, dass Kontemplation und Genuss das Leben bereichern.

- Weil sie die perfekten Haustiere für Stubenhocker sind.

- Weil Schnurren nachweislich stressabbauend beim Menschen wirkt.

- Weil inzwischen wissenschaftlich erwiesen ist, dass Katzenbesitzer klüger sind als Hundebesitzer und man ja nicht als Trottel mit Leine dastehen will.

Robert Gernhardt
Was deine Katze wirklich denkt

Band 16654

Vor Jahrtausenden hat die Katze dem Menschen das Privileg eingeräumt, sich von ihr beherrschen zu lassen, um im Gegenzug von ihm versorgt zu werden. Seit Jahrtausenden kommt der Mensch dieser Aufgabe nur unvollkommen nach: Hier läßt er es am nötigen Feingefühl fehlen, dort an der nötigen Aufmerksamkeit und nicht selten summieren sich solche Schnitzer und Patzer zu einer Haltung, für die sich das schlimme Wort Katzismus eingebürgert hat, jedenfalls in fortschrittlichen Katzenkreisen.

Wie der Mensch sich der Katze gegenüber korrekt verhält, das kann ihn nur die Katze selber lehren. »Schimmi« ist eine Katze, und sie nimmt kein Blatt vor den Mund. Das macht diese 13 Lektionen in Catical Correctness so wertvoll für jeden Menschen, der sich des eingangs erwähnten Privilegs würdig erweisen will: Das Tier hat gesprochen; Mensch, nimm und lies.

Fischer Taschenbuch Verlag